Das CORE-Prinzip:
Du wirst, was Du denkst!

Thomas Herbst

Das CORE-Prinzip: Du wirst, was Du denkst!

Mit Illustrationen
von Barbara Kinzebach

Thomas Herbst
joynus
Einhausen, Deutschland

ISBN 978-3-658-15942-9   ISBN 978-3-658-15943-6 (eBook)
DOI 10.1007/978-3-658-15943-6

Die Deutsche Nationalbibliothek verzeichnet diese Publikation in der Deutschen Nationalbibliografie; detaillierte bibliografische Daten sind im Internet über http://dnb.d-nb.de abrufbar.

© Springer Fachmedien Wiesbaden GmbH 2017
Das Werk einschließlich aller seiner Teile ist urheberrechtlich geschützt. Jede Verwertung, die nicht ausdrücklich vom Urheberrechtsgesetz zugelassen ist, bedarf der vorherigen Zustimmung des Verlags. Das gilt insbesondere für Vervielfältigungen, Bearbeitungen, Übersetzungen, Mikroverfilmungen und die Einspeicherung und Verarbeitung in elektronischen Systemen.
Die Wiedergabe von Gebrauchsnamen, Handelsnamen, Warenbezeichnungen usw. in diesem Werk berechtigt auch ohne besondere Kennzeichnung nicht zu der Annahme, dass solche Namen im Sinne der Warenzeichen- und Markenschutz-Gesetzgebung als frei zu betrachten wären und daher von jedermann benutzt werden dürften.
Der Verlag, die Autoren und die Herausgeber gehen davon aus, dass die Angaben und Informationen in diesem Werk zum Zeitpunkt der Veröffentlichung vollständig und korrekt sind. Weder der Verlag noch die Autoren oder die Herausgeber übernehmen, ausdrücklich oder implizit, Gewähr für den Inhalt des Werkes, etwaige Fehler oder Äußerungen. Der Verlag bleibt im Hinblick auf geografische Zuordnungen und Gebietsbezeichnungen in veröffentlichten Karten und Institutionsadressen neutral.

Zeichnungen/Illustrationen: © Barbara Kinzebach
Grafiken (Abb. 2.3, 2.5, 3.2): © Thomas Herbst

Gedruckt auf säurefreiem und chlorfrei gebleichtem Papier

Springer ist Teil von Springer Nature
Die eingetragene Gesellschaft ist Springer Fachmedien Wiesbaden GmbH
Die Anschrift der Gesellschaft ist: Abraham-Lincoln-Str. 46, 65189 Wiesbaden, Germany

Für
Benjamin und das Erzählen
David und die Balance
Jonathan und das Tun
Timon und die Reflexion

Vorwort: Wie innen, so außen

Marc Aurel hat einmal gesagt:

> Mit der Dauer der Zeit nimmt die Seele die Farbe Deiner Gedanken an.

Ihre Gedanken bestimmen Ihre Gefühle. Gefühle lenken und leiten das Handeln. Der Punkt, an dem Sie heute, genau jetzt, stehen (oder sitzen), ist das Ergebnis Ihrer Entscheidungen oder Ihres Handelns.

Unzufriedene Menschen machen gerne die Umgebung, die „Anderen" oder die „allgemeine Situation in der Welt" verantwortlich für das, was ihnen passiert oder passiert ist. Doch es sind die eigenen Gedanken, die unser Innenleben und Lebensgefühl prägen und unsere mentale Lebensenergie bestimmen. Durch unsere Ausstrahlung, unwillkürliche Regungen, Reaktionen, bewusste und unbewusste

Unterlassungen und Handlungen wird sie für unsere Umwelt (Menschen, Tiere, Pflanzen!) spürbar – und sie reagiert entsprechend.

Das heißt: **Die Kraft unserer eigenen Gedanken hat uns zu einem wesentlichen Teil dahin geführt, wo wir heute stehen.** Ein anderer Teil besteht in Form unserer Genetik, wobei selbst hier neueste Forschungsergebnisse auf die Epigenetik hinweisen, die es uns erlaubt bestimmte genetische „Schalter" auf gedanklicher Ebene zu beeinflussen.

Sehen Sie die formende Kraft, die hinter diesem Konzept steckt?

Je mehr wir in der Lage sind, diese Konzeption anzunehmen und sie uns selbst vollkommen zu eigen zu machen, umso klarer erreichen wir den Zustand der Selbstverantwortung und werden handlungsfähig.

Wir haben dann das Gefühl, dass die Antworten für unser Selbst in uns selbst liegen.

Aus dieser Energie und Kraft heraus sind wir Schöpfer, Handelnder, Motivator, Helfer, Tröster und Gestalter in allen unseren Lebensbereichen. Dann nehmen wir das Leben in die Hand und bekennen uns zu unseren Entscheidungen.

Jüngste Forschungsergebnisse verweisen unter dem Begriff „Plastizität des Gehirns" darauf, dass Gedanken, die wir häufiger denken, eine tiefere physische Spur im Gehirn hinterlassen als solche die wir seltener denken.

Vergleichen Sie es mit dem Erlernen einer Fremdsprache: Der Amerikaner sagt hierzu: „Use it or lose it!" Wenn Sie regelmäßig „in einer Sprache" sind, dann festigen sich die biologischen Strukturen in Ihrem Gehirn, vergleichbar mit einem Pfad im Wald der bei permanenter Benutzung zum breit ausgetretenen Weg werden kann. Nutzen Sie die Sprachfähigkeit nur selten oder gar nicht mehr, „verlieren" Sie sie irgendwann. Deshalb ist „Du wirst, was Du denkst" Titel und Leitmotiv dieses Buches.

Pfade, die Sie nur noch selten betreten, überwuchern langsam und sind irgendwann gar nicht mehr zu sehen. Die gute Neuigkeit lautet: Sie können sich von unerwünschten Gedanken trennen (zweifeln, nörgeln, ängstigen, sorgen, meckern, lästern), indem Sie sie zunächst weniger und irgendwann vielleicht gar nicht mehr denken. Mit dem Thema Gedanken-Kontrolle beschäftigt sich Abschn. 5.1 in diesem Buch.

Lassen Sie sich darauf ein, für Neues oder Andersartiges offen zu sein. Wenn Sie für den vorgestellten Gedankengang bereits offen sind, werden Sie meinen Ausführungen und Beispielen relativ leicht folgen. Sie werden vermutlich flüssig und mit leichtem Kopfnicken über die Inhalte lesen und sich damit beschäftigen. Das bedeutet: Sie festigen Ihre bereits angelegten Pfade und erweitern sie!

Falls Sie das Gefühl haben, „so leicht kann (oder darf?) es nun doch wirklich nicht sein, dass meine Gedanken meine äußere Realität erschaffen" und Sie noch einen Rest von Widerwillen spüren, sich mit dieser Aussage anzufreunden oder gar zu versöhnen, werden Sie die Inhalte vermutlich infrage stellen und Ihren inneren Kritiker zu Wort kommen lassen. Dann werden Sie sich voraussichtlich hinterfragend mit den Inhalten beschäftigen und auseinandersetzen.

Ich würde mich freuen, wenn Sie einen Weg finden, der gut für Sie ist, das Gelesene zu verdauen und aktiv für sich zu nutzen. Sie werden wissen und spüren, wie Sie Ihren Weg gehen wollen. Freuen Sie sich auf viele anregende Momente bei der aktiven Gestaltung Ihres Lebens.

Eine spannende Zeit liegt vor Ihnen und Sie werden zahlreiche Wege kennenlernen, die Inhalte dieses Buches und Ihre Gedanken dazu in die Tat umzusetzen. Manchmal brauchen wir nur kleine Impulse, die uns ein Aha – Erlebnis verschaffen und zuweilen benötigt es ein bisschen mehr Zeit, um die neuen oder andersartigen Gedanken zu verdauen.

Hierfür finden Sie in den einzelnen Kapiteln immer wieder „Verweilmomente", in denen Sie sich Ihre Erkenntnisse, Überlegungen und Reflexionen ein wenig genauer anschauen können.

Ich werde Sie im Text auf diese Ruhepausen hinweisen. Am besten Sie legen sich einen Schreibblock zurecht, der dann zu Ihrem persönlichen Selbstbestimmungsheft wird, in das Sie Ihre zentralen Gedanken zu den einzelnen Themen notieren können.

Tun Sie dies wirklich in analoger Form (also Papier und Bleistift oder Kugelschreiber). Die Wissenschaft hat herausgefunden, dass handschriftliche Informationen deutlich besser in unserem Gehirn ankommen als auf elektronischem Wege.

Jetzt wünsche ich Ihnen viel Freude und Erfolg beim Entdecken neuer Erkenntnisse, Perspektiven und Fähigkeiten.

Die Zukunft hat begonnen. Lassen Sie uns starten!

Einhausen, Deutschland Thomas Herbst
im Frühjahr 2017

Achtung und Vorsicht !!!

Die Lektüre dieses Buches könnte Ihr Leben umgehend und dauerhaft verändern! Der Autor übernimmt gerne die Verantwortung für alle positiven Begleiterscheinungen, die sich innerhalb der Leserschaft nach geraumer Zeit einstellen mögen.

Danksagung

Von der ersten Idee von CORE über zahlreiche gedankliche Skizzen bis hin zu diesem Exemplar, das Sie gerade in den Händen halten, verging eine Zeit, die ich am besten als Reifeprozess beschreiben kann.

Den allerersten Impuls, mich mit dem Thema Kommunikation und dessen Folgen für mein Werden auseinanderzusetzen erhielt ich im Jahre 1982 durch meine damalige Partnerin und spätere Ehefrau Claudia Geiger-Kabisch. Mit dem Kauf einer Brezel in Mannheim fing alles an. Lieben Dank, Claudia. Du weißt, wovon ich spreche!

Was wäre mein Berufsleben gewesen ohne Sie, Wolfgang Braune, meinem Chef im Bildungszentrum der Lufthansa in Seeheim. Ihnen gebührt mein Dank dafür, dass Sie mich einfach haben machen lassen und mir sieben wunderbare Jahre freie Hand ließen im Gestalten und Durchführen von Workshops, Trainings und Seminaren.

Die Liebe zur Kommunikation mit Menschen aus aller Welt nahm hier ihren Lauf. Ich danke Ihnen zutiefst!

Martina Schmidt-Tanger. Du hast mir vor vielen Jahren gesagt, dass ich mich vielleicht noch nicht wie ein Autor fühle und dass die Zeit möglicherweise noch nicht reif ist. Du hattest Recht. Dein Gespür für den Umgang mit Sprache und die „gute Absicht" dabei haben mich maßgeblich beeinflusst und das tun sie immer noch. Du bist ein Stern unter den Besten!

Der Mensch ist gut – durch diese Art zu denken, wird es leicht, im anderen das Beste zu entdecken, freizulegen und zu fördern. So würde ich das Credo von Barbara Herbst beschreiben. So habe ich es erleben dürfen und noch heute kann ich deutlich spüren: es hat gewirkt und wirkt immer noch weiter. Danke Barbara für diese unerschütterliche Basis.

Timon, Du hast immer an mich und an das CORE-Prinzip geglaubt. Wir haben oft und lange diskutiert, Perspektiven ausgetauscht und Neues entdeckt. Und das tun wir immer noch. 1000 Dank für Deine Unterstützung, Anteilnahme und Motivation. X – Zeit!

Rolf Hartung. Es fühlt sich an, als ob wir uns schon eine Ewigkeit kennen, dabei ist es noch nicht einmal ein Jahr her, seit wir uns getroffen haben. Sehr, sehr schön! Ich hatte Dir erzählt, dass mein Buch fast fertig ist und einen Verlag sucht. Und da warst Du da. Sofort. Du gabst mir eine E-Mail-Adresse und eine Telefonnummer. Zwei Tage später hatte ich ein Telefongespräch mit dem Lektorat von Springer Gabler. Du bist ein Schatz!

Die Lektorin am anderen Ende der Leitung war Irene Buttkus. Wir unterhielten uns über das geplante

Buchprojekt und vieles mehr. Herzlichen Dank, Frau Buttkus, dass Sie mich durch Ihr klares, direktes und ungeschöntes Feedback konsequent immer wieder auf den richtigen Weg gebracht haben, um meinen inhaltlichen Tunnelblick für das Wesentliche zu öffnen.

Für Dich, „Babs" Kinzebach, habe ich ein inniges „Dankeschön". Du hast es mit nachtwandlerischer (!) Sicherheit verstanden, meine Herzensthemen auf liebevolle Art und Weise zu illustrieren. *Du bisch die Beschd!*

Was wären die ganzen Theorien und Kommunikationsmodelle ohne gelebte, tausendfach erprobte Praxis? Mein großer Dank geht an alle Teilnehmer „da draußen", mit denen ich das Glück hatte arbeiten zu dürfen, mich selbst dabei infrage zu stellen, Konzepte zu verwerfen, anzupassen und meine Gedanken immer wieder neu zu ordnen, sodass dieses Buch entstehen konnte. Ein herzliches Dankeschön an Euch alle!

Inhaltsverzeichnis

1 **CORE – ein universelles Konzept zur individuellen Gestaltung eines erfüllten Lebens** 1
   1.1 Der Effekt: Gesundheit und Lebensfreude 2
   1.2 Die Basis: Selbstverantwortung 5
   1.3 Das Vorgehen: Vier Handlungselemente 6
   1.4 Die Methodik: Spiegel-Prinzip 8

2 **Element 1: Connect – Die Verbindung herstellen** 9
   2.1 Körper, Geist und Seele – Die Verbindung zu sich selbst 9
      2.1.1 Die eigene Bestimmung 14
      2.1.2 Fremdbestimmt oder selbstbestimmt? 16

	2.1.3	„Ego vs. Präsenz" oder „Denken vs. Gegenwärtigkeit"	19
	2.1.4	Gedankenkraft – Bestimmung – Träume	24
	2.1.5	Selbstbewusstsein	38
	2.1.6	Selbstbewusstsein und Charisma	41
2.2	Die Verbindung zu anderen Menschen		46
	2.2.1	Inseln erforschen	46
	2.2.2	Empathie und Einfühlungsvermögen	53
	2.2.3	Angriff oder Flucht	62
	2.2.4	Gleichklang in der Körpersprache	71
	2.2.5	Nähe und Distanz	73
2.3	Die Verbindung zur Natur		76
2.4	Die Verbindung zu den „Dingen"		79

3 Element 2: Orientate – Die Richtung bestimmen   83

3.1	Der Orientierungskreis		86
	3.1.1	Ich, der Selbstentwickler	87
	3.1.2	Beruf und Berufung	90
	3.1.3	Freundschaften	93
	3.1.4	Familie, Partnerschaft und Liebe	95
3.2	Ins Handeln kommen: Ihr persönliches Zielsystem		96
	3.2.1	Die strategische Ebene	97
	3.2.2	Die taktische Ebene	100
	3.2.3	Selbstverantwortung: Die Kontrolle Ihrer inneren Gefühlswelt	101

4 Element 3: Reflect – Das eigene Denken verändern — 109
4.1 Innen und außen — 111
4.2 Realität und Wahrnehmung — 114
4.3 Toleranz durch Zweinigkeit — 117

5 Element 4: Energize – Die eigene Energie steuern — 121
5.1 Wunderbare Gedankenkontrolle — 121
5.2 Die menschliche Reiz-Reaktions-Kette — 125
5.3 Energie aktiv über das eigene Verhalten steuern — 128
5.3.1 Das D-P-U-Modell — 130
5.3.2 Das „4-Ohren-Modell" oder „Kann ich wählen, was ich wie hören möchte"? — 139
5.3.3 Die Stimme als Stimmungsbarometer und Energielieferant — 149
5.4 Positives Denken und Positive Psychologie — 157

Nachwort — 165

Weiterführende Literatur — 167

Über den Autor

Thomas Herbst Jahrgang 1958, ist geboren und aufgewachsen in München. Nach dem Studium der Betriebswirtschaftslehre mit den Schwerpunkten Logistik, Marketing und Psychologie, führte ihn sein Weg zu den Themen Kommunikation, Konflikt, Vertrieb, Führung und Selbstentwicklung.

Im Bildungszentrum der Deutschen Lufthansa AG in Seeheim an der Bergstraße konzipierte und leitete er über einen Zeitraum von sieben Jahren

Workshops, Trainings & Seminare für internationale Teams.

Beruf und Berufung führten ihn nach Italien, Spanien, Frankreich, England, Dänemark, Schweden, Österreich, Holland, Ägypten, Ghana, Südafrika, China, Indien, Thailand sowie in die vereinigten Emirate und in die USA.

Thomas Herbst ist seit 1999 selbstständiger Trainer und Coach für die Themen Vertrieb, Führung, Lifestyle und individuelle Selbstentwicklung. Er hat vier Söhne und lebt in der Nähe von Heidelberg.

Zahlreiche Erfahrungen und vielfältige Perspektiven aus Hunderten von Seminaren mit Tausenden von Teilnehmern zu den Lebensthemen Erfolg, Gesundheit, Wohlstand und Lebensglück verdichtet er in der Formel: *„Du wirst, was Du denkst!"* In diesem Buch erfahren Sie, mit welchen großartigen kommunikativen Werkzeugen Sie ihren weiteren Lebensweg bestimmen können. Falls Sie mit dem Autor Kontakt aufnehmen möchten erreichen Sie ihn am besten per Email unter Thomas.Herbst@joynus.de

1

CORE – ein universelles Konzept zur individuellen Gestaltung eines erfüllten Lebens

Ob im Beruf, in der Familie oder in einer Partnerschaft: die Fähigkeiten und Fertigkeiten, die wir für einen erfolgreichen Umgang mit unseren Mitmenschen und mit uns selbst benötigen, befinden sich bereits in unserem Besitz. In einer tiefer liegenden Bewusstseinsebene wissen wir, wie wir „eigentlich" agieren oder reagieren sollten, um für alle Beteiligten den größtmöglichen Gewinn zu erzielen. Doch gerade dann, wenn angesichts herausfordernder Situationen die eigenen Ressourcen so dringend benötigt werden, ist der Zugang wie versperrt oder noch nicht einmal vorhanden. CORE will diese „Türen der Möglichkeiten" wieder öffnen, bereitstellen oder erweitern, indem es unbewusste Gedanken-, Herzens-, und Handlungsteile in eine Bewusstheit überführt, die ganzheitliches Denken, Fühlen und Handeln (wieder) möglich macht. Das Konzept kann als universelle Gesetzmäßigkeit verstanden werden, die auf alle Lebenssituationen Anwendung findet, weil es einen stark individualistischen Ansatz vertritt, der besagt: „Alles, was wir für unser Glück brauchen, besitzen wir bereits".

1.1 Der Effekt: Gesundheit und Lebensfreude

Stellen Sie sich vor, Sie sind das ganze Jahr über gesund. Gut, vielleicht mal ein kleiner Schnupfen kurz vor der Weihnachtszeit, ansonsten keine Wehwehchen, keine Zipperlein.

Ihr Körper fühlt sich einfach gut an. Die Haut ist straff, glatt und jugendlich, Ihre Gestalt wirkt muskulös, durchtrainiert und leicht. Und das alles, obwohl Sie noch nie in Ihrem Leben Sport gemacht haben. Und diese Art von Gesundheit begleitet Sie schon, seit Sie auf der Welt sind. Ihr Arzt sagt, dass Ihr Körper genetisch um 10 bis 15 Jahre jünger ist, als es Ihrem biologischen Alter entspricht. Und das alles ohne Medikamente oder spezielle Ernährung.

In einem gesunden Körper steckt ein gesunder Geist. Doch wie bringen Sie einen gesunden Geist hervor? Was ist das Geheimnis eines erfüllenden Denkens und Fühlens?

Es existiert doch so viel Negativität um uns herum, angefangen beim Nachbarn der uns ärgert, bis hin zu den kriegerischen Auseinandersetzungen in der ganzen Welt. Wie ist es möglich sich in einer solchen Umgebung ein positives Weltbild zu schaffen oder gar über einen längeren Zeitraum zu erhalten? Es liegt doch in unserer Verantwortung, dem Schlechten in der Welt aktiv zu begegnen. Es wäre doch allzu naiv, die negativen Dinge in unserer Umgebung zu leugnen, auszublenden oder schön zu färben.

Doch angenommen, Sie hätten verschiedene Methoden gefunden, um Ihre täglichen Herausforderungen zu meistern und würden sich bei allem, was Sie umgibt, so gut wie jeden Tag in einem ausbalancierten, friedevollen und

1.1 Der Effekt: Gesundheit und Lebensfreude

glücklichen Zustand befinden. Wie würde sich das auf Ihr Leben und die Menschen in Ihrer Umgebung auswirken? Ich verspreche Ihnen: Sie können diesen Zustand erreichen.

Vielleicht kennen Sie dieses oder ein ähnliches Gefühl noch aus ihrer Kindheit. Wie haben Sie das damals gemacht? Wie haben Sie sich hineinversetzt in diesen lang anhaltenden Zustand von Glück, in dem Sie die Zeit und alle Welt um sich herum vergessen konnten?

Wie reizvoll wäre es, diesen glückseligen Zustand von damals direkt hier ins Heute zu transportieren? Wie würde das aussehen? Stellen Sie es sich in den buntesten Farben vor und nehmen Sie sich ruhig einen Moment Zeit dafür:

- Sie fühlen sich eins mit der Natur und mit allem, was Sie umgibt.
- Sie leben mit Ihrem Wunschpartner zusammen und pflegen wahrhaftige Freundschaften.
- Ihr Beruf ist gleichzeitig Ihre Berufung, Erfüllung und Motor wie auch Motivation in Ihrem Leben.

Kann es wirklich sein, dass es ein Leben gibt, das sich in allen Bereichen stimmig anfühlt? Kennen Sie Menschen, die so eine kraftvolle Ruhe in sich tragen?

Worin genau unterscheiden sie sich von den vielen anderen, die oftmals abgehetzt durchs Leben eilen und eigentlich gar nicht richtig wach zu sein scheinen?

Die Antworten auf diese Fragen enthalten einen gemeinsamen Nenner, den ich an dieser Stelle „Innenschau" nenne möchte. Die meisten Dinge, die „geschehen" können Sie aus mehreren Perspektiven betrachten. Je mehr Ihr Bewusstsein „gelernt" hat, dass es diese unterschiedlichen

Perspektiven „wirklich" gibt, umso weiter wird Ihr gedanklicher, emotionaler und faktischer Handlungsspielraum bezüglich der Gestaltung Ihres (Er)lebens.

Ich würde Sie gerne einladen, mit mir einen Pfad zu beschreiten, der weg von „richtig" oder „falsch" hin zu „anders und interessant" führt.

Viele meiner Seminarteilnehmer haben sich bereits auf ihre individuelle Reise begeben und festgestellt, dass sie eigentlich gar nicht viel tun müssen. Es gibt im Wesentlichen nur zwei Kriterien die im Leben und für die eigene Lebensgestaltung wichtig sind: **Präsenz und Fokus.**

Mit anderen Worten: Gegenwärtigkeit und Zielorientierung. Sie sollten genau wissen, was Sie wollen, es aussprechen und dann ins Handeln kommen.

In diesem Sinne werden Sie sich bei der Lektüre dieses Buches mit all Ihren Lebensbereichen beschäftigen: Familie, Beruf, Partnerschaft, Hobbys, Wünsche, Träume und Sehnsüchte.

Sie werden der Frage nachgehen, wie geistige, emotionale und körperliche Gesundheit entstehen beziehungsweise dauerhaft erhalten werden kann. Sie werden sich mit den Aspekten Glück und Erfolg beschäftigen und auch die Themen Reichtum, Wohlstand und Freiheit in Ihre Betrachtungen einbeziehen.

Damit Sie von diesem Buch optimal profitieren können, seien Sie einfach offen für die Neuigkeiten oder Andersartigkeiten, die Sie auf den nächsten Seiten möglicherweise erfahren werden. Stellen Sie die verschiedenen Aspekte und Methoden, die ich Ihnen dort vorstellen darf, ruhig infrage. Nehmen Sie sich Zeit und Muße und widmen Sie sich in Ruhe den wichtigsten Fragen ihres Lebens.

1.2 Die Basis: Selbstverantwortung

Ausgangspunkt für die effektive Wirkungsweise von **CORE** ist das Konzept ausgeprägter Eigenverantwortlichkeit, welche Sie als Leser fordert und fördert, indem es mit Ihrer gelebten Erfahrung arbeitet.

Im Sinne der didaktischen Ausrichtung bedeutet dies, dass die Impulse für die „Lerneinheiten" oder vielleicht besser „Bewusstmachungs- Sequenzen" von Ihnen selbst kommen und wir im Verlauf des Buches gemeinsam den Zusammenhang zu den Wirkungsparametern herstellen und damit alle Themen und Impulse nach und nach in die **CORE**-Systematik überführen.

Innerhalb von **CORE** gibt es kein „richtig" oder „falsch". Wie wir im weiteren Verlauf der Ausführungen sehen werden, geraten wir Menschen oftmals an geistige und emotionale Grenzen, wenn wir Bewertungen von Situationen oder Personen vornehmen und uns nur schwer von diesen Bewertungen lösen können. Solche Zustände erscheinen uns dann oft als „problematisch".

CORE verlagert den Schwerpunkt der Betrachtung auf den Zusammenhang zwischen Ursache und Wirkung in Verbindung mit der Diskussion und Reflexion von Gedanken- und Verhaltensalternativen. Von daher präsentiert das Konzept einen neutralen und sehr persönlichen Ansatz gleichermaßen.

1.3 Das Vorgehen: Vier Handlungselemente

CORE umfasst vier gedankliche und emotionale Handlungselemente:

Connect – Orientate – Reflect – Energize
Diese Parameter basieren strikt auf Eigenverantwortlichkeit. Nicht die Umwelt (also die „Anderen" oder das „Außen") wird als Auslöser von Ereignissen betrachtet, sondern das Individuum, also jeder Einzelne selbst. Die Parameter lassen sich mit folgenden Zielrichtungen belegen:

Connect
repräsentiert die assoziierte Sichtweise (ich sehe mich selbst *in* einer Situation) und beantwortet die Frage

- „wie verbinde ich mich mit mir selbst,
- mit anderen Menschen,
- der Natur oder
- mit Unternehmen, Produkten,
- Strategien, Träumen und Visionen?"

Diese Frage gilt sowohl für eine „generelle Zielrichtung" als auch für die aktuelle Gestaltung eines gegenwärtigen Augenblicks (z. B. *„Wie verbinde ich mich mit einem Menschen in diesem Gespräch?"*).

1.3 Das Vorgehen: Vier Handlungselemente

Orientate
bestimmt die Richtung im Sinne von *„wie sehr möchte ich das (nicht) und warum?"*, bildet also den Grad der Zustimmung oder Ablehnung ab. Im Sinne einer Bestimmung der Zielrichtung können Sie Ihr Leben (Beruf, Familie, Partnerschaft, Hobbys, Selbstentwicklung) betrachten und sich fragen: *„Wovon innerhalb dieser Bereiche möchte ich „mehr" oder „weniger" und welche Bereiche sollten „stabil" bleiben"?*

Reflect
beschreibt das eigene Denken, Fühlen und Handeln aus der dissoziierten Sicht, also mit gesunder Distanz zur aktuellen Situation. Ich betrachte mich selbst in verschiedenen Situationen aus der Helikopterperspektive. Diese Art, mein Handeln quasi von außen zu erleben, dient mir selbst als kritische Feedback-Instanz für mein zukünftiges Verhalten und untersucht die Fragestellung: *„Wie wirkt mein Verhalten auf andere* (zu laut, zu leise, zu viel, zu wenig, zu schnell, zu langsam, zu stark, zu schwach oder „genau richtig")?"

Energize
beantwortet die Frage „Wie kann ich meinen eigenen (positiven) Energielevel erzeugen? Was genau bewirkt diese Energie bei *meiner* Umwelt? In wieweit kann ich selbst aktiv Stimmungen und Atmosphäre erzeugen?"

1.4 Die Methodik: Spiegel-Prinzip

Das übergreifende Konzept ist verhaltensorientiert ausgelegt und bedient sich ausgewählter Methoden und Arbeitsweisen aus klassischen Kommunikationsmodellen, der Psychologie und der Philosophie sowie aktuellen Forschungsergebnissen aus der Neurobiologie. Der Fokus liegt hierbei auf dem Erkennen und Anwenden des Spiegel-Prinzips (Impulse, die durch mich ausgelöst werden, spiegeln sich in meiner Umwelt und kommen – irgendwann – wieder zu mir zurück) in Verbindung mit der Erarbeitung von gedanklichen und emotionalen Verhaltensalternativen. Ziel ist die Erweiterung des Verhaltensrepertoires und das Erkennen von andersartigen Perspektiven als „gleich gültig". Der dadurch eventuell neu zu definierende persönliche Realitätsbegriff führt zu erhöhter innerer Stärke und mehr Gelassenheit und Toleranz gegenüber „fremden" Ansichten und Verhaltensweisen. In diesem Sinne wird die Infragestellung der eigenen Glaubens- und Wertesysteme und deren Überprüfung auf „Richtigkeit" ermöglicht und gefördert.

2

Element 1: Connect – Die Verbindung herstellen

2.1 Körper, Geist und Seele – Die Verbindung zu sich selbst

> Wenn wir nach griechischem Verständnis davon ausgehen, dass Menschen aus drei Teilen bestehen, so könnten wir diese drei Teile beschreiben mit Geist (Denken), Seele (Herz) und Körper. Wen meinen wir, wenn wir uns als „ich" bezeichnen? Wer genau spricht da? Kommt das „Ich" aus unserem Denken? Entspringt es eher unserer Seele? Oder betrachten wir unseren Körper, den sichtbaren Teil von uns selbst, hauptsächlich als „ich"? Dieser mechanistische Ansatz ist vielerorts auch in der Medizin noch immer stark verankert.

Im 21. Jahrhundert jedoch kommt nach neuesten Forschungsergebnissen aus der Quantenphysik ein holistisches Konzept zum Tragen, das da lautet: „Bewusstsein erzeugt Materie". In letzter Konsequenz bedeutet dieser Ansatz, dass wir mit unseren Gedanken (vergleichbar mit elektromagnetischen Wellen) „unsere" Realität erschaffen.

Sie könnten jetzt fragen, wozu diese Unterscheidung überhaupt wichtig ist. *„Ich bin eben ich und so ist es gut."* Ja, sicher, dabei könnten wir es bewenden lassen. Auf der anderen Seite geht es hier um die elementare Fragestellung, ob wir uns als Opfer oder Schöpfer unseres Lebens sehen und einen (vielleicht sogar erheblichen) Einfluss auf unsere Ich-Gestalt haben.

Kennen Sie Menschen, die von sich sagen, sie hätten das Gefühl, sie würden gelebt? Etwas von „außen" würde ihnen Rahmenbedingungen setzen, nach denen sie sich eben richten müssten? Kennen Sie Menschen, die von sich sagen *„ich lebe"*, die von sich behaupten, sie würden aktiv ihr Leben gestalten und hätten auch (meistens) die Kontrolle darüber? Haben Sie sich einmal gefragt, wodurch diese Unterschiede entstehen?

Einer meiner Söhne war im Alter von elf Jahren unzufrieden mit seinem Aussehen. Er fand sich zu dick und hatte unreine Stellen auf der Haut, die er mit allerlei Mittelchen und Cremes wegpolieren wollte. Ich kannte diese Gefühle der Unzufriedenheit mit dem Aussehen aus meiner eigenen Kindheit und das einzige, was mir zum Trost für ihn einfiel, war folgender Satz: *„Hey, Junge, Du bist nicht Dein Körper"*.

Die körperliche Dimension erfährt heutzutage große Wichtigkeit durch die Medien (denn nur unsere Körperlichkeit kann ohne Umwege direkt durch Medien abgebildet werden. So eine Abbildung ist weder von der Seele noch von unserem Denken möglich). Gleichzeitig präsentieren wir uns selbst anderen Menschen gegenüber

2.1 Die Verbindung zu Körper, Geist und Seele

zunächst durch unsere äußere Erscheinung, unseren Körper. Dies ist meist der erste Stimulus, den andere Personen von uns wahrnehmen.

Doch was zeigt sich nach diesen ersten Sekunden der körperlichen Wahrnehmung? Sobald wir mit anderen Menschen ins Gespräch kommen spüren sie unseren Geist (<u>welche</u> unserer Gedanken wir in Worte fassen) und unser Herz (<u>wie</u> wir unsere Gedanken ausdrücken).

Welchem Aspekt glauben wir stärker, wenn wir jemandem begegnen: dem „was" oder dem „wie"? Von welchem Persönlichkeitsaspekt geht also auf längere Sicht betrachtet die größere Kraft aus: Körper, Geist oder Seele?

Übung

Nehmen Sie sich jetzt die Zeit, ein paar „emotionale Notizen" zu diesem Thema zu machen. Versuchen Sie ruhig, „starke" Beispiele aus ihrem Erleben zu nehmen, um so das „emotionale Lernen" voranzutreiben.

Hierbei geben Sie sich selbst Feedback, indem Sie eine von Ihnen vermutete Außenwahrnehmung erforschen.

1. Andere würden die Wirkung meines physischen Erscheinungsbildes vermutlich so beschreiben:

   _____

   _____

2. Meine Umgebung würde die Wirkung meines Geistes „nach außen" etwa so beschreiben:

   _____

   _____

3. Ich glaube, dass meine Umwelt meine Seele in etwa so wahrnimmt:

_____

_____

Schauen Sie sich jetzt Ihre Notizen an und betreiben Sie eine kurze „Innenschau", indem Sie für sich bezüglich der 3 Bereiche folgende Fragen beantworten:

- Ist das die Wirkung, die ich erzielen möchte? Falls ja, könnte ich noch mehr „davon" geben?
- Möchte ich in diesem Bereich eine andere Wirkung erzielen? Falls ja, was könnte ich tun (oder unterlassen), um in die gewünschte Richtung zu gehen?

Primat der Rationalität
In unserem westlichen Kulturkreis gilt das Denken als „Herrscher des Menschen". *„Sei doch mal vernünftig", „lassen Sie uns das bitte sachlich diskutieren", „wir brauchen hier ganz klar rationale Entscheidungsmodelle"* oder *„mein Gott, bist Du heute wieder emotional"* sind Beispiele dafür, dass das Denken, also rationales Verhalten, über den Emotionen stehen sollte.

„Die Fakten haben ergeben, dass…". Spätestens in der Schule, während des Studiums oder im Beruf verbringen wir viel Zeit damit uns Faktenwissen anzueignen und den rationalen Teil des Menschen in den Vordergrund zu stellen. Die aufregende Gefühlswelt, in der wir uns als Kinder noch aufhalten konnten, verschwindet mit fortschreitendem Lebensalter immer mehr aus unserem Verhaltensrepertoire.

2.1 Die Verbindung zu Körper, Geist und Seele

Welchen Einfluss haben diese Effekte auf die Verbindung zu uns selbst? Könnte die oben erwähnte „schwindende Emotionalität" eine Erklärung dafür sein, dass so viele Menschen, junge wie ältere, das Gefühl haben, vom Leben „abgeschnitten" zu sein? Obwohl sie erfolgreich im Beruf sind, ein (einigermaßen) glückliches Privatleben führen und sich (zuweilen) regelmäßig mit Sport beschäftigen inklusive (mehr oder weniger) gesunder Ernährungsweise?

Woher kommt der Stress, der steigende Druck, die immer höher werdende Geschwindigkeit im Arbeits- und Privatleben?

Wieso werden wir nicht *„satt"*, obwohl wir so viel *„haben"*? Vielleicht ist genau das Haben (- wollen) ein Kernproblem unserer oben beschriebenen Zeit. Möglicherweise *„haben"* wir zu viel und *„sind"* (uns selbst) zu wenig? Oftmals sind wir überall und nur selten bei uns.

Was bedeutet es, *„bei sich"* zu sein? Kennen Sie (noch) das Gefühl, dass Sie irgendeine Tätigkeit verrichten (oder vielleicht sogar ganz still dasitzen und scheinbar gar nichts tun) und irgendwann schauen Sie auf die Uhr und wundern sich, wie schnell die Zeit gerade vergangen ist? Das heißt, Sie haben in diesem „Moment" den Zeitbezug völlig verloren?

Ja? Dann waren Sie im „Flow". Dann waren Sie ganz bei sich (unabhängig davon, ob sie physisch allein oder Hunderte von Menschen um Sie herum waren). Wenn wir im Flow sind, dann ist unsere Seele, unser Herz mit dabei.

Kennen Sie Menschen, die manchmal von sich sagen *„der Tag heute, das war für mich kein Arbeitstag, das war pures Vergnügen?"*

Ich weiß, dass solche Sätze extrem selten ausgesprochen werden, aber es gibt sie. Das sind die Momente, in denen wir *„nach unserer Bestimmung"* leben. Sie denken jetzt vielleicht, Sie hätten bezüglich ihrer Arbeit keine Zeit, darüber nachzudenken, ob Sie nach Ihrer Bestimmung leben oder nicht. Dann mache ich Ihnen einen Vorschlag: Tun Sie es jetzt, sofort, in diesem Augenblick.

2.1.1 Die eigene Bestimmung

Übung
Überlegen Sie schriftlich mithilfe folgender Fragen:

- Was ist meine Bestimmung im Leben?

  _____

  _____

- Wo und wie will ich wirklich „sein"?

  _____

  _____

- Spüren Sie in sich hinein: Wie fühlt sich das an, wenn Sie „da" sind?

  _____

  _____

Auch wenn dieser Gedanke zunächst etwas ungewöhnlich erscheinen mag: die Seele, das Herz, der Bauch, spenden uns unsere Lebens- und Umsetzungsenergie. Empfindet sich unsere Seele im Laufe einer Stunde, eines Tages, Monats, Jahres oder eines ganzen Lebens als "eingeklemmt", sodass sie sich nicht entfalten kann, dann werden wir das eigene Leben als eher schwierig, ermüdend und mit Stress beladen empfinden.

Wir haben das Gefühl, dass wir von "außen" gelebt werden, weil uns unsere Verpflichtungen oder Mitmenschen zu erdrücken scheinen (obwohl sie es ja nur "gut" meinen). Wir glauben, ständig etwas leisten zu müssen, verspüren den Druck, Erfolge vorweisen und einfach funktionieren zu müssen. Schließlich haben wir Verantwortung und Pflichten, denen wir uns so einfach nicht entziehen können.

Wie anders sieht manchmal eine vergleichbare Lebenskonstellation aus, in der sich die Akteure glücklich, zuversichtlich und (relativ) entspannt fühlen, obwohl (oder weil?) es ein "Arbeitspensum" gibt, das erfüllt werden will?

Wo kommt er her, dieser eklatante Unterschied aus Stress und Freude? Wenn wir davon ausgehen, dass er (nachgewiesenermaßen) nicht genetisch begründbar ist und auch die Umwelt hier (ausnahmsweise) nicht der Verursacher ist, dann scheint es so zu sein, dass wir selbst es sind, die diesen Unterschied ausmachen und gestalten.

Deshalb ist die folgende Frage von elementarer Bedeutung: *"Wie kann ich meine Bestimmung* (sofern ich sie bereits kennengelernt habe) *in meinen Alltag einfließen lassen?"*

Diese Frage sollte einfacher zu beantworten sein als die Frage: *"Wie kann ich meine Umwelt so verändern, dass ich meiner Bestimmung nach leben kann?"*.

2.1.2 Fremdbestimmt oder selbstbestimmt?

Die Frage nach der Fremd- oder Selbstbestimmtheit kann nur jeder Mensch für sich selbst beantworten. Das folgende Modell kann einige Anregungen liefern (siehe auch Abb. 2.1):

Modell A
Die Umwelteinflüsse auf mich sind zahlreich und komplex. Sie strömen täglich auf mich ein und ich kann schauen, wie ich mich bestmöglich integriere. Mein

Abb. 2.1 Verstehen Sie sich als Opfer oder als Gestalter? (Quelle: Barbara Kinzebach)

eigener wahrgenommener Einfluss auf diese Umweltfaktoren ist eher gering. (Spiegelprinzip: die Art und Weise, wie ich agiere, kommt vom Gesamtsystem „Umwelt" in ähnlicher Weise wieder zu mir zurück. Opfervariante: *„Ich werde gelebt."*)

Modell B
Ich bin mir bewusst, dass ich in einer dynamischen Umwelt lebe, die mich beeinflussen kann. Dennoch fühle ich mich im Wesentlichen als Herr über mein eigenes Leben. Meine Entscheidungen und Handlungen haben eher starken Einfluss auf meine Umwelt (Spiegelprinzip: die Art und Weise, wie ich agiere, kommt vom Gesamtsystem „Umwelt" in ähnlicher Weise wieder zu mir zurück. Schöpfervariante: *„Ich lebe."*)

> **Übung**
>
> An dieser Stelle haben Sie Gelegenheit, Ihr persönliches Lebensmodell einmal genauer unter die Lupe zu nehmen und die Gründe aufzuspüren, die Sie zu A oder B tendieren lassen. Nehmen Sie wieder Ihre Schreibutensilien zur Hand:
> Ich lebe eher nach **Modell A** (Opfervariante). Aus welchen Gründen ist das so?
>
> _____
>
> _____
>
> Versuchen Sie, in sich hineinzuhören und sich Ihrer inneren Dialoge bewusst zu werden. Inwieweit entdecken Sie Erwartungshaltungen, die von anderen Menschen an Sie herangetragen werden? Lauten Teile Ihrer inneren Stimme etwa so: *„Man muss doch", „hier habe ich einfach keine Wahl", „wenn es A und B (nicht) geben würde, dann könnte ich…", „es gibt einfach bestimmte Spielregeln, an die „man" sich halten muss", „die/der „D" ist da viel besser*

als ich. Das schaffe ich nie", „gebranntes Kind scheut das Feuer", „ohne Fleiß kein Preis", „das Leben ist ein Kampf", „Ich habe keine Ahnung, wie das (jemals) was werden soll".

Diesen Teufelskreis könnten wir jetzt beliebig fortsetzen und dabei ist eines ganz wichtig: hier hören Sie Ihre inneren Stimmen, die zu einem großen Teil ihr Wertesystem repräsentieren. Wenn Sie jetzt eine konzentrierte Innenschau betreiben, dann können Sie sich fragen: „sind das wirklich meine Stimmen (und Werte) oder gehören sie jemand anderem?"

Dabei geht es hier nicht um richtig oder falsch vielmehr um „belastend oder nützlich"…

Und es geht auch nicht darum, das Außen zu verändern. Sie haben es hier mit der wunderbaren Möglichkeit einer inneren Transformation zu tun, d. h. die Art und Weise, wie Sie Situationen betrachten **möchten**. An dieser Stelle betreten Sie das Feld der Wahlfreiheit, die Sie in Modell B finden.

Ich lebe eher nach Modell B (Schöpfervariante). Aus welchen Gründen ist das so?

_____

_____

Wenn es einen Teufelskreis gibt, müsste es nach dem antagonistischen Prinzip auch einen „Engelskreis" geben. Und der könnte sich als „innere Stimme" in etwa so anhören:

„Interessant, wie D zu diesen tollen Ergebnissen gekommen ist. Mal sehen, wie ich seine Vorgehensweise auf mich übertragen könnte", „Wer wirklich Neues und Innovatives schaffen möchte, darf auch kurz das Spielfeld (auf dem die Regeln gelten) verlassen und „out of the box" denken".

„Anstatt „hart" zu arbeiten, versuche ich, „smart" zu arbeiten", „das Leben ist eine riesige Spielwiese mit unendlichen Varianten. Echt spannend", „Wie könnte ich C erreichen und dabei vielleicht sogar noch A oder B mit einbinden?", „Ich weiß noch nicht haargenau, wie das Ergebnis aussieht, doch spüre ich, dass ich auf dem richtigen Weg bin", „Interessante und auch vertrackte Situation. Hatte ich noch nie. Mal sehen, was mir da einfallen wird, um das zu lösen…"

> Spüren Sie die unterschiedlichen Energien, die in den Gedankenmodellen aus Variante A und B vorhanden sind? Genau darum geht es: Gedanken sind Energie!
> Sie strahlen sowohl nach innen als auch nach draußen. Völlig losgelöst vom Inhalt oder der Problemstellung. In welchem gedanklichen System (Modell A oder B) befinden Sie sich in einem wesentlich kreativeren und aktiveren Lösungszustand?
> Natürlich haben Sie es längst bemerkt: In Modell B sind Sie gelöster, manchmal sogar heiter, warum auch nicht? In gelöstem Zustand steht Ihnen einfach mehr gute Lösungsenergie zur Verfügung!

2.1.3 „Ego vs. Präsenz" oder „Denken vs. Gegenwärtigkeit"

Auf den vorangegangenen Seiten haben wir schon gesehen, wie unermüdlich das Gedankenkarussell die Herrschaft über unser „Sein" ausüben möchte. Vergegenwärtigen Sie sich gerade einmal den unaufhörlichen Gedankenfluss, der die meisten Menschen umtreibt: *„Mensch, gestern die Präsentation, die hätte auch besser laufen können. Irgendwie war ich so nervös und konnte gar nicht richtig auf die Fragen eingehen"* oder *„ich mache mir wirklich Sorgen um meinen Sohn. Jetzt ist er schon 43 und hat immer noch nicht den Beruf gefunden, den er sich wünscht"* oder *„also, jetzt schreib ich mir am besten eine Liste, was ich heute unbedingt erledigen muss: Einkaufen gehen, die Böden im Wohnbereich reinigen, das Telefongespräch mit Marianne führen, und… und ich werde es wieder nicht schaffen, endlich mal ein schönes Eis essen zu gehen/den neuen Krimi anzufangen/meine Lieblingsserie zu gucken …"*

So oder ähnlich geht es vielen von uns tagein, tagaus. Das Denken hat die Kontrolle und Kontrolle ist gut. Glauben wir. Manchmal stimmt das vielleicht sogar. Aber möchten Sie wirklich den Großteil Ihres Lebens von Ihrem eigenen Denken kontrolliert werden? *„Na, aber da hab' ich doch keine Wahl"* höre ich den einen oder anderen von Ihnen sagen. *„Die Gedanken, die kommen einfach so. Da kann man gar nichts dagegen tun".*

Und genau hier kommen wir zu einem entscheidenden Punkt: Können wir unser Denken kontrollieren oder geht das nicht? Und wie können wir einfach mal nicht denken, wenn wir unseren Frieden haben möchten?

Zuerst die gute Nachricht: Ja, wir haben die Kontrolle über unser Denken! Diese freudige Nachricht hat schon viele Teilnehmer in meinen Seminaren wachgerüttelt. Ich werde in Kap. 5 „Die eigene Energie steuern" noch ausführlicher auf das Thema Gedankenkontrolle eingehen.

Befassen wir uns jetzt mit der zweiten Frage: *„Wie kann ich aufhören zu denken, wenn ich Ruhe, Stille und inneren Frieden haben möchte?"*

Manche von Ihnen denken jetzt vielleicht an ein Kloster oder einen Rückzugsort, an dem es still, ruhig und friedlich ist. Natürlich kann die Umgebung (der Rückzugsort) eine innere Einkehr unterstützen. Die eigentliche Lösung liegt jedoch in der Präsenz oder Gegenwärtigkeit des Augenblicks.

Wenn wir präsent sind, ist unsere Aufmerksamkeit auf den aktuellen Punkt in der Gegenwart („Präsens") gerichtet. Bemühen wir hierzu sogar noch das englische Wort *„present"*, dann erhalten oder geben wir ein Geschenk in Form von *„Gegenwart und Gegenwärtigkeit"*. Ein Beispiel innerer Präsenz haben wir zuvor als „Flow" bezeichnet. Ein weiteres Beispiel können Sie gleich jetzt unmittelbar selbst erleben:

Präsenzübung
Konzentrieren Sie sich auf ihren Atem und spüren Sie, wie der Bauch sich beim Einatmen hebt und beim Ausatmen senkt. Sie müssen hierbei gar nichts „tun". Das Atmen geschieht ganz von allein. ☺. Lenken Sie Ihre gesamte Aufmerksamkeit (Präsenz, Gegenwärtigkeit) nur auf Ihren Atem im Bauch. Versuchen Sie etwa 2 Minuten, in diesem Zustand zu bleiben. Sie können dazu die Augen schließen und danach notieren, welche Effekte Sie festgestellt haben.

_____

_____

Vielleicht haben Sie schon bereits nach einigen Sekunden ein Gefühl von Wärme und Wohlbehagen gespürt. Leichtigkeit gepaart mit Sorglosigkeit. Die Lebendigkeit Ihres Lebens ist Ihnen möglicherweise (wieder) bewusst geworden oder Sie haben sich mit der Welt stärker als sonst verbunden gefühlt (siehe auch Abb. 2.2). Vielleicht haben Sie auch festgestellt, dass, sobald Sie versuchen, an etwas anderes zu denken, das Wohlgefühl wieder schwindet. An dieser Stelle können Sie sehr schön den Zusammenhang zwischen Präsenz und Entspannung spüren.

Können wir tatsächlich die eigene Lebenszufriedenheit durch Gegenwärtigkeit erhöhen? Ich meine: JA! Probieren Sie einmal, während Sie im Supermarkt an der Kasse in der (langen!) Schlange stehen, zwei unterschiedliche Reaktionsmodelle aus:

Abb. 2.2 Präsenzübung – Ihr Aufenthalt auf Wolke 7. (Quelle: Barbara Kinzebach)

Modell A: genervt sein
Regen Sie sich (zunächst innerlich, dann vielleicht sogar äußerlich durch entsprechende Kommentare) darüber auf, wie langsam das heute (wieder) geht und warum die denn hier nicht fähig sind, noch eine weitere Kasse zu öffnen und was für ein blöder Laden das hier ist und überhaupt …

Modell B: meditieren
Atmen Sie tief in Ihren Bauch ein und wieder aus und konzentrieren Sie sich ausschließlich auf Ihre Atmung oder beobachten Sie die Person vor Ihnen ganz genau. Nehmen Sie diese Person wahr.

2.1 Die Verbindung zu Körper, Geist und Seele

Versuchen Sie jede einzelne Bewegung, mit der sie die gekauften Waren auf das Band legt, zu erfassen. Finden Sie heraus, ob er oder sie die Waren symmetrisch auf das Band legt oder wahllos durcheinander. Nehmen Sie wahr, ob diese Person dabei ruhig und gelassen ist oder eher hektisch und nervös. Welchen Gesichtsausdruck hat er oder sie?

Konzentrieren Sie sich nur auf Ihre Atmung oder (als Beispiel) auf die Person. Lassen Sie dabei jede Art von Bewertung fallen! Beobachten Sie nur. Seien Sie fasziniert von der Vielfältigkeit des Lebens und von der Andersartigkeit Ihrer Mitmenschen.

Fokussieren Sie nur auf diesen Moment. Seien Sie präsent und spüren Sie das Gefühl von Lebenszufriedenheit durch Gegenwärtigkeit.

Entscheiden Sie sich jetzt, mit welcher Alternative Sie lieber durchs Leben gehen würden: Aufgeregt (A) oder entspannt (B)?

Beispiel Rasenmäher

Stellen Sie sich folgendes vor: es ist ein wunderbarer Sommertag und Sie liegen auf einer Wiese, um ein bisschen auszuspannen.

In diesem Moment fängt in Ihrer unmittelbaren Umgebung jemand an, den Rasen zu mähen. Wie können Sie (innerlich und äußerlich) darauf reagieren? Könnten Sie sich auch folgende Reaktion vorstellen:

„Hmm, gleich wird dieser wunderbare Duft von gemähtem Gras in meine Nase strömen und am Geräusch des Rasenmähers merke ich: Es ist Leben um mich herum. Ich bin Teil

einer Gemeinschaft und ich kenne dieses Geräusch von früher, als… das waren wunderbare Zeiten…" Es ist nur eine Möglichkeit von vielen, darauf zu reagieren. Ob sie in diesem Moment gelingt oder nicht ist eine andere Frage. Doch es **ist** eine Möglichkeit …

Stellen Sie sich an dieser Stelle vor, Sie seien ein Gefäß, das angefüllt ist mit positiv aufgeladenen Teilchen (z. B. Freude, Motivation, Leidenschaft, Neugier, Herzlichkeit, Liebe) und negativ aufgeladenen Teilchen (Stress, Ärger, Angst, Neid, Kampf, Wut).

Wenn Sie deutlich mehr positive als negative Teilchen in sich tragen, ist da immer noch Platz für das (vielleicht für Sie negative) Geräusch des Rasenmähers.

Im übertragenen Sinne kompensieren die positiven Teilchen das negative Erlebnis.

Wenn Sie sich ausgeglichen und friedvoll fühlen, also in „Balance" sind, können Sie „negative" Ereignisse (oder Personen) viel leichter ertragen oder kompensieren.

Und genau darum geht es in den weiteren Ausführungen: die Frage ist nicht „Wie bringe ich meinen Nachbarn dazu, den Rasenmäher abzuschalten?" sondern vielmehr: „Über welche inneren gedanklichen Mechanismen verfüge ich, um das Geräusch „auszublenden"?"

2.1.4 Gedankenkraft – Bestimmung – Träume

Die Macht der Gedanken

Gedanken formen unser Leben und geben ihm eine Richtung. Alles, was wir um uns herum sehen (Häuser, Autos, die Bekleidung der Menschen usw.) ist irgendwann einmal aus Gedanken entstanden. Aus Gedanken werden Worte (Worte geben unseren Gedanken den nötigen Schwung,

2.1 Die Verbindung zu Körper, Geist und Seele

den wir für deren Umsetzung brauchen) und diese Worte übersetzen wir in Handlungen.

Plötzlich hat sich ein Gegenstand materialisiert, den es zuvor noch nicht in dieser Form gegeben hat. Aus einer Idee wurde Realität durch Denken und Handeln.

Wenn die logische Kette „Gedanken – Worte – Handeln" für Gegenstände gilt, so können wir sie auch dazu verwenden, unseren Lebensweg zu gestalten. William Shakespeare hat einmal geschrieben *„Willst Du Deinen Lebensweg ändern, so musst Du Deine Gedanken verändern"*. Hier stellt sich die Frage, ob wir Menschen überhaupt ausreichend Kontrolle über unsere eigenen Gedanken haben.

Ich habe diese Frage bereits mit einem deutlichen *„Ja"* beantwortet. Lassen Sie uns diesen Aspekt nun näher beleuchten. Zunächst einmal sind wir natürlich äußeren Einflüssen ausgesetzt.

Nehmen wir als Beispiel das Medium „Nachrichten", egal, ob im Fernsehen oder in der Zeitung. Die (bereits vorselektierten) Meldungen treffen bei uns ein und wir beschäftigen uns gedanklich mit dem Dargebotenen. Machen Sie einmal den Versuch, direkt vor dem Schlafengehen Nachrichten zu sehen und testen Sie, wie gut Sie danach einschlafen können.

Oder beenden Sie den Tag mit etwas Erfreulichem (der Fantasie sind hier keine Grenzen gesetzt!) und nehmen Sie den Unterschied wahr. Zusammenfassend gesagt hat die gedankliche Umgebung einen enormen Einfluss auf unser Wohlbefinden.

Auf der anderen Seite können wir den „Denker in uns" auch aktiv steuern und ihm Einhalt gebieten, wenn „er" uns (wieder) mit negativen Gedanken belasten möchte und das noch in einem Moment, in dem wir uns doch eigentlich vorgenommen hatten, uns zu entspannen.

Haben Sie jemals die Methode des Gedankenstopp ausprobiert? Sie selbst können den internen Gedankenfluss aktiv unterbrechen, wenn er Ihnen zu unangenehm wird. Wie das gehen soll? Nun, da gibt es eine Reihe von Möglichkeiten, aus denen Sie gerne die für Sie passende(n) auswählen dürfen.

Methode 1: „Stopp, Schluss damit!"

Hier geben Sie sich selbst die Anweisung, das Grübeln oder Problematisieren zu beenden, indem Sie nicht mehr gewillt sind, das Gedankenkarussell losfahren zu lassen. Stellen Sie sich Ihre Gedanken wie kleine Wolken vor, die kommen und gehen. Lassen Sie sie vorüberziehen anstatt zu versuchen, sie festzuhalten. Konzentrieren Sie sich stattdessen auf Ihre Wahrnehmung. Was sehen Sie, hören oder riechen Sie gerade? Dadurch gehen Sie von „Innen" zunächst nach „Außen" und verlagern Ihre Aufmerksamkeit weg von den grüblerischen Gedanken hin zu einem „Fixpunkt", der sich für Sie angenehm anfühlt (z. B. genaues Betrachten eines Baums oder auch nur Ihrer Tee- oder Kaffeetasse).

Methode 2: Vom „Warum?" zum „Wie?"

Lassen Sie jetzt einfach mal die beiden Fragewörter auf sich wirken.

Warum:

„Warum passiert mir das schon wieder?" – *„Warum geschieht das immer mir?" „Wieso bin ich nur von so vielen Problemen gleichzeitig umgeben"?* Spüren Sie in sich hinein, wie diese Fragen (unabhängig vom Inhalt) Ihre Empfindungen

beeinflussen und was sie auf physischer Ebene in Ihnen auslösen.

Beobachten Sie zugleich Ihre Körpersprache. Wahrscheinlich sinkt der Kopf, verkrampfen die Schultern und Sie fühlen sich tendenziell ausgeliefert, ohnmächtig und hilflos.
„Wie?"
„Wie oder wodurch kommt es, dass sich im Moment so viele negative Ereignisse zeigen?" „Wie kann ich Schritt für Schritt die einzelnen Herausforderungen lösen?" „Wie kann ich handeln, um mich sofort besser zu fühlen?" „Wie würden sich andere Menschen in dieser Situation verhalten, um besser damit klar zu kommen?" „Wie kann es sein, dass dieses Problem an Person A völlig vorbeigeht?"

Spüren Sie auch jetzt in sich hinein und entdecken Sie den Unterschied in Ihrer Gefühlswelt. Der Kopf ist (in der lösungsorientierten Körpersprache) leicht nach oben geneigt, Sie befinden sich im Zustand des kreativen Nachdenkens, indem Sie geeignete innere Bilder abrufen, die Ihnen Lösungsenergie bereitstellen.
Fazit:
Verwandeln Sie Warum-Fragen in Wie-Fragen. Denn „Wie"-Fragen stellen eine richtungsweisende, handlungsorientierte Energie bereit:

Methode 3: Von der Zerstreutheit zur Gegenwärtigkeit

Diese Methode kennen Sie bereits: Sie schalten um auf Präsenz, also auf die Gegenwärtigkeit des Augenblicks. Sie könnten z. B. ganz konzentriert Musik hören und „bei der Musik bleiben". Vielleicht starren Sie dabei auf einen bestimmten Punkt und stellen Ihre Augen „unscharf" (wie wenn Sie ein wenig müde wären) und sind dann „ganz woanders".

Kennen Sie diesen Zustand? Sie sind dann „defokussiert", ein bisschen wie dieser Welt entrückt und sehr stark im jetzigen Augenblick. Sie denken weder an Vergangenes noch an die Zukunft. Sie saugen nur gerade diesen Moment in sich auf und scheinen – von außen betrachtet – gar nicht da zu sein. Achten Sie darauf, dass Sie an dieser Stelle erwünschte Gedanken herbeirufen. Falls Sie feststellen, dass Sie wieder ins Grübeln kommen: Sie kennen ja jetzt die „Wölkchen-Methode"!

Methode 4: Gedanken ersetzen

Ein weiterer Weg der eigenverantwortlichen „Gedankenkontrolle" besteht darin, den unangenehmen Gedanken durch einen angenehmen Gedanken zu ersetzen. Die neuen Bilder überschreiben die alten Gedankenmuster.

Hierzu beleben Sie vor Ihrem geistigen Auge einen wunderbaren Moment, den Sie in der Vergangenheit erlebt haben. Ein Augenblick, in dem Sie sich unglaublich wohlgefühlt haben, sicher, geborgen und stark.

Schauen Sie sich diesen Augenblick aufmerksam an. Vielleicht sehen Sie diesen Moment als Bild oder auch als Film. „Drehen" Sie die Farben auf, lauschen Sie den Klängen, Geräuschen oder Stimmen, spüren Sie das Wohlbehagen in Ihrem Körper und achten Sie darauf, ob vielleicht auch ein Duft mit diesem wunderbaren Augenblick verbunden ist. Lassen Sie sich ruhig zwei oder drei Minuten Zeit, um diesen wahrhaft exzellenten Moment zu genießen. Sie können dieser kraftvollen Situation sogar ein Code-Wort geben, das nur Sie kennen.

Gehen Sie jetzt kurz in Ihr aktuelles, vergangenes oder zu erwartendes Problem und spüren Sie das unangenehme Gefühl, das damit verbunden ist.

2.1 Die Verbindung zu Körper, Geist und Seele

Holen Sie sich jetzt den kraftvollen Anker aus dem wunderbaren Moment, den Sie gerade visualisiert haben, und breiten ihn über der unangenehmen Situation aus wie ein schützendes Energie-Vlies. Das „Neue" vermischt sich mit dem „Alten" und ergibt die herausfordernde Situation gepaart mit dem Gefühl des kraftvollen Zustands.

Bezüglich der konkreten Umsetzung hat vermutlich jeder von uns seine eigene Methode. Halten Sie hier Ihre persönliche(n) Gedankenstopp-Methode(n) fest:

_____

_____

Die eigene Bestimmung im Leben finden

Wenn wir uns jetzt dem Thema „Bestimmung" zuwenden, dann spreche ich in diesem Zusammenhang von einem übergeordneten Lebenskonzept, das – manchmal auf Umwegen – unsere Lebensspur bestimmt. Hier werden Fragen beantwortet wie z. B.

- *Was macht meinen inneren Kern aus? oder*
- *Was genau ist mein „Selbst"?*
- *Wer wäre ich ohne meine Rollen als Sohn/Tochter, Ehefrau/Ehemann, Freund/Freundin, Mutter/Vater, ohne meinen Beruf, ohne meine Hobbys?*

Wir stellen uns die Frage nach dem tieferen Sinn unseres Seins.

Vielleicht kennen Sie die russischen Puppen (Babuschkas), bei denen in der größten eine zweite, etwas kleinere enthalten ist und in der zweiten ist eine dritte und nachdem Sie alle geöffnet haben stehen 10 dieser bemalten Holzpuppen vor Ihnen.

Die einzelnen Puppen repräsentieren unsere Rollen und das letzte, kleinste Exemplar beschreibt unsere Identität, den innersten Kern. Wer sind wir „wirklich"? Wodurch „wirken" wir?

Zusätzlich möchten wir jedoch auch unsere ureigenste Aufgabe (er)kennen, unsere Bestimmung oder Berufung. Im innersten Wesenskern spüren wir ob das Leben, das wir führen (oder führen möchten) unserer natürlichen Bestimmung weitgehend entspricht oder ihr womöglich sogar entgegensteht.

Aus neurobiologischer Sicht sind Menschen auf Kooperation ausgelegt. Jeder hat bestimmte Talente oder Gaben, die er oder sie in die Lebensgemeinschaft einbringen kann. Je näher sich unser eigenes Wesen mit diesen Talenten verbinden kann, umso wahrscheinlicher führen wir ein für uns und unsere Umwelt gesundes Leben. Gesund im Sinne von seelischem, geistigem und körperlichem Wohlbefinden.

Um herauszufinden, wie nah wir in unserem Leben unseren wahren Talenten, Gaben oder Leidenschaften sind, kann die nachfolgende Abbildung hilfreich sein. Sie zeigt verschiedene gedankliche und emotionale Handlungsfelder auf, die Sie gleich auf „Stimmigkeit" in Ihrem Leben überprüfen können:

Gedankliche und emotionale Handlungsfelder	
Ebene	Inhalt
Vision	beschreibt die eigenen Träume und Wünsche
Bestimmung	erfragt den individuellen Lebenszweck: *„Wozu bist Du da?"*
Einstellungen, Werte, Glauben	der Bereich, in dem unsere tiefer gehenden Werte und Überzeugungen abgelegt sind
Fähigkeiten	Fertigkeiten, um unsere Überzeugungen in Handlungen umsetzen zu können
Verhalten	alle nach außen hin sichtbaren Handlungen

2.1 Die Verbindung zu Körper, Geist und Seele

Die folgende Tabelle zeigt ein Beispiel für die inhaltliche Kongruenz von Vision, Bestimmung, Einstellungen, Fähigkeiten und Verhalten. Je stärker die einzelnen Bereiche ineinander verzahnt sind, umso näher fühlen Sie sich Ihrem „eigentlichen" Wesenskern.

Beispiel für inhaltliche Kongruenz innerhalb der Ebenen	
Ebene	Bereiche
Vision	„Irgendwann werden sich die Menschen auf unserem Planeten gegenseitig verstehen und erkennen".
Bestimmung	„Ich bin dazu da, unterschiedliche Menschen in dieser Welt miteinander zu verbinden".
Einstellungen, Werte, Glauben	„Ich glaube, dass der Mensch von Natur aus gut ist und mit anderen kooperieren möchte".
	„Ausgeprägtes Kommunikationsverhalten und mehrere Sprachen sind wichtige Elemente, um sich mit anderen Menschen zu verbinden".
Fähigkeiten	„Ich habe im Laufe meines Lebens zwei Fremdsprachen gelernt und kann mich gut auf andere Menschen einstellen".
Verhalten	„Ich spreche drei Sprachen fließend und wende verschiedene Kommunikationsmodelle an, je nach Situation und Person".

Definieren Sie im Folgenden Ihre persönliche Vision, also Ihre Träume, Wünsche und Sehnsüchte und gehen Sie dann Ebene für Ebene nach unten (über die Bestimmung zu den Einstellungen, danach zu den Fähigkeiten und schließlich auf die Verhaltensebene. Überprüfen Sie alle Ebenen auf Stimmigkeit in Ihrem Leben.

Decken Sie die Bereiche auf, in denen es Ihnen noch nicht „rund" vorkommt. Um die innere Logik der Ebenen noch besser zu erfassen, können Sie mit der Lebenspyramide in Abb. 2.3 arbeiten.

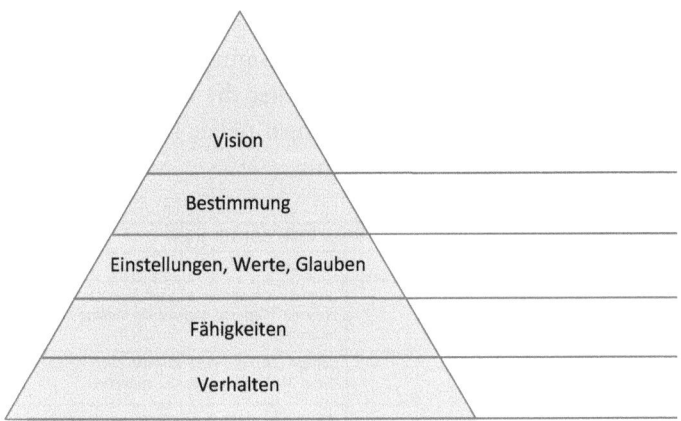

Abb. 2.3 Erbauen Sie Ihre persönliche Lebenspyramide

Meine persönliche Lebenspyramide sieht folgendermaßen aus: (beginnen Sie bei der Vision und gehen Sie dann Ebene für Ebene nach unten).

_____

_____

Sind Träume nur Schäume?
Träume und Träumer gelten nicht selten als naiv und realitätsfremd: *„Träume sind Schäume", „Traumtänzer". „Wach endlich auf, komm zu Dir. Du kannst doch nicht einfach die Realitäten des Lebens ausblenden!"* Um zu sich selbst zu kommen, gilt jedoch genau das Gegenteil: Geben Sie sich Ihren Träumen hin, um zu erfahren, woraus Sie Ihre innerste Kraft schöpfen.

In unserer zuweilen „ernsten" Welt scheint kein Platz für Träume(r) zu sein. Wir haben Pflichten und Verantwortung

2.1 Die Verbindung zu Körper, Geist und Seele

und müssen funktionieren. Rationalität ist gefragt und auch hier räumt sich das (Gemeinschafts)-Ego den Platz ein, von dem es denkt, dass er ihm gebührt: Das Denken fungiert als Kontrollinstanz über den einzelnen Menschen, aber auch über ganze Gemeinschaften und Staaten.

Erinnern Sie sich noch an Ihre Träume, als Sie ungefähr zehn, elf oder zwölf Jahre alt waren? Nehmen Sie sich jetzt einfach ein paar Minuten Zeit und versuchen Sie, diese Erinnerungen wieder hervorzuholen. Sie sind der Schlüssel für Ihre verborgenen, unbewussten Energien, die Sie auch heute noch mit Lebendigkeit versorgen (können), siehe Abb. 2.4.

Erinnern Sie sich mit Stichworten: Im Alter von zehn, elf oder zwölf Jahren hatte ich folgende (Tag)-Träume:

_____

_____

Lassen Sie uns im Anschluss wieder in die Gegenwart gehen, damit Sie Ihre Träume aus heutiger Sicht betrachten können. Träume oder Visionen geben Ihrem Leben die Hauptrichtung vor. Sie beschreiben das Große und Ganze manchmal genauer als detaillierte Feinpläne. Die Traumfabrik befindet sich eher im Herzen. Die Konzeption der Feinpläne übernimmt dann das Denken. Gehen Sie zusammen mit mir auf eine kurze Traumreise, um herauszufinden, was Sie bewegt:

1. Nehmen Sie nun wieder Ihren Stift zur Hand und vervollständigen Sie den folgenden Satz: *„Wenn ich könnte, wie ich wollte, dann würde ich …"*

   _____

   _____

Abb. 2.4 Tagträume erschließen Ihre verborgenen Energien. (Quelle: Barbara Kinzebach)

2.1 Die Verbindung zu Körper, Geist und Seele

2. Versuchen Sie, das (verborgene) Motiv hinter Ihrem Traum herauszufinden: Welche(s) Bedürfnis(se) soll(en) mit diesem Traum erfüllt werden?

_____

_____

Angenommen, Sie hätten den Traum, ein berühmter Musiker werden zu wollen. Die verborgenen Motive dahinter könnten lauten: „sucht nach Anerkennung durch eine Vielzahl von Menschen", will „gesehen" werden, im Rampenlicht stehen, „braucht eine „Bühne", um dem Publikum etwas zu vermitteln. „Sendungsbewusstsein", „Emotionen transferieren", „Aufrütteln", den Menschen „eine gute Zeit" schenken, sich „lebendig" fühlen…"

3. Beantworten Sie nun folgende Frage: *„Wenn ich wollte, wie ich könnte, was würde ich dann an meinem Leben verändern?"*

_____

_____

Es ist durchaus möglich, die augenblicklichen Träume in das aktuelle Leben zu integrieren. Manchmal ist es nicht der Traum als solcher, der unbedingt in die Tat umgesetzt werden will, sondern das damit verbundene Lebensgefühl. Eine Freundin von mir ist begeisterte Taucherin. In einem unserer Gespräche habe ich sie danach gefragt, woher diese unglaubliche Begeisterung kommt.

Sie antwortete, dass sie im Element Wasser, in seiner Tiefe, eine unglaubliche Ruhe erlebe und sie sich so vollkommen auf das Tauchen konzentrieren müsse (das eigene Leben kann davon abhängen), dass sie an nichts anderes mehr denken könne. Es scheint dieses „an nichts anderes denken können" zu sein, das ihr ein Wohlgefühl und den Aspekt von Freiheit vermittelt, den auch die Meditation hervorbringen kann. Das Denken tritt immer mehr in den Hintergrund. Das Erleben selbst rückt in den Fokus. Dadurch entstehen die beschriebenen Glücksgefühle.

Sie erinnern sich sicher an unser Beispiel in Abschn. 2.1.3 mit dem Ein- und Ausatmen und die bewusste Konzentration auf das Heben und Senken des Bauchs. Gleiches gilt für das Erlebnis des Tauchens: es erfordert absolute Gegenwärtigkeit, das „vollkommene Aufgehen im Augenblick" (oder in diesem Falle dem „Abtauchen").

Diese Art von achtsamen und gegenwärtigen Erlebnissen erzeugt ein angenehmes Energieniveau in uns, mit dessen Hilfe wir uns selbst sowie unsere Umgebung versorgen können (über Energie werden wir im Rahmen von **CORE** in einem eigenen Kapitel sprechen).

Ich möchte Sie jetzt bitten, mit mir auf eine Traumreise zu gehen, in der wir gemeinsam einmal „so tun als ob", das heißt, wir werden uns mental in einen Zustand begeben, in dem Ihr Traum bereits realisiert ist. Diese Art der plastischen Vorstellung ist **eine** Möglichkeit, der zukünftigen Wirklichkeit ein wenig näher zu kommen und einzelne Lebensparameter bewusst (oder auch unbewusst) danach auszurichten.

Auf der nächsten Seite haben Sie ausreichend Raum für Ihren Traum. Denken Sie zunächst intensiv an Ihre Vision, Ihre momentan stärksten Wünsche für die Zukunft und blättern Sie danach um zur nächsten Seite.

2.1 Die Verbindung zu Körper, Geist und Seele

Traumreise

Teil 1:
Schauen Sie sich um. Vielleicht sehen Sie Bilder oder eine Art Filmsequenz, die zu diesem Traum gehören.
Bringen Sie das Bild auf die richtige Größe.
Verändern Sie die Farben so, dass sie ideal für Sie sind.
Schauen Sie genau hin und genießen Sie, was Sie sehen.
Schließen Sie, wenn Sie wollen, die Augen und schauen Sie sich solange um, wie Sie möchten…
Bitte lassen Sie die Bilder oder den Film etwa eine bis zwei Minuten wirken und lesen Sie erst dann Teil 2.

Teil 2:
Möglicherweise hören Sie auch etwas in dieser Situation. Geräusche oder Stimmen.
Hören Sie genau hin, verändern Sie die Lautstärke so, dass Sie sie als angenehm empfinden.
Sie können auch die Tonhöhe optimieren. Schließen Sie die Augen und lauschen Sie in ihren Traum hinein.
Lassen Sie die Geräusche oder Stimmen etwa eine bis zwei Minuten wirken und lesen Sie erst dann Teil 3.

Teil 3:
Vielleicht spüren Sie etwas, wenn Sie sich in Ihren Traum begeben.
Versuchen Sie herauszufinden, wo in Ihrem Körper sich diese Gefühle zeigen…
Genießen Sie das Wohlgefühl und lassen Sie es sich ausbreiten.
Und während Sie dieses Buch in der Hand halten fühlen Sie mehr und mehr die Lebendigkeit Ihres Traums.
Sie können jetzt die Augen schließen und sich vollkommen Ihrem Traum hingeben.
Lassen Sie die Gefühle ungefähr eine bis zwei Minuten auf sich wirken und lesen Sie erst dann Teil 4.

Teil 4:
Es kann sein, dass Sie auch Gerüche oder Düfte wahrnehmen, die zu diesem Traum gehören.

Regulieren Sie die Intensität des Duftes oder der Gerüche so, dass sie optimal für Sie sind.

Wenn Sie mögen, schließen Sie die Augen und nehmen Sie die Düfte, die zu Ihrem Traum gehören, einfach in sich auf.

Lassen Sie die Gerüche und Düfte ungefähr eine bis zwei Minuten wirken und lesen Sie erst dann weiter.

Genießen Sie alles, was Sie in Ihrem Traum

- sehen,
- hören,
- spüren und
- riechen, so lange Sie wollen.

Es ist Ihr Traum… Manchmal vergraben, dann wieder ganz deutlich… Eine Vision … vom Leben… Ihrem Leben … einem einzigartigen Leben …

Wenn Sie möchten, können Sie Ihren Traum mit einem Code-Wort versehen, das nur Sie allein kennen.

Wann immer Sie das Wort (innerlich oder laut) aussprechen, wird Ihre Vision sofort wieder gegenwärtig sein und Ihnen zur weiteren „Verarbeitung" zur Verfügung stehen.

Mein persönliches Code-Wort für diesen Traum lautet:

_____

2.1.5 Selbstbewusstsein

Selbst – Bewusst – Sein

Schauen Sie sich die drei Begriffe einmal näher an, sodass Sie sie dann vielleicht zu dem Wort „Selbstbewusstsein" zusammensetzen. Da ist zunächst das Wort „Selbst". Wir hatten schon etwas ausführlicher über das Ego, unser Denken, die Seele und den Körper gesprochen und haben vielleicht immer noch keine Antwort auf die Frage: Wo genau

2.1 Die Verbindung zu Körper, Geist und Seele

befindet sich unser „Selbst"? Wer ist das, der da von sich im Sinne von „Ich" spricht?

Vielleicht bedeutet Selbstbewusstsein einfach nur „sich seiner selbst bewusst zu sein"- eine Art gesunder Balance zwischen Arroganz und Unterwürfigkeit? Oder bedeutet es lediglich zu wissen, was man selbst kann und was nicht? Hat Selbstbewusstsein überhaupt etwas mit Können zu tun? Und falls nicht, woraus ziehen Sie dann Ihr eigenes Selbstbewusstsein? In welchen Momenten fühlen Sie sich verunsichert? Ist das Selbstbewusstsein eine generelle Erscheinung oder wechselt es je nach der Situation oder Person, mit der Sie sich gerade auseinandersetzen?

Wäre das Gegenteil von Selbst-Bewusst-Sein so etwas Ähnliches wie Fremd-Unbewusst-Haben?

Wie sind Sie erzogen worden: eher „verhaltensorientiert" (*„Wenn Du das tust oder nicht tust, dann bist Du (k) ein braves Kind"*) oder wesensorientiert (*„Ich liebe Dich so, wie Du bist, weil Du so bist …"*)? Inwieweit wirken verhaltens- oder wesensorientierte Muster heute immer noch auf Sie ein? Gibt es die Chance, diese Muster zu erkennen (sie bewusst zu machen) und – falls gewünscht – zu verändern?

Viele Menschen vergrößern Ihr Ego durch „Dinge", die sie besitzen (wollen) und fokussieren eher auf das „Haben" (*„mein Haus, mein Auto, mein Boot, meine Pferdepflegerin"*). Bei anderen überwiegt die Wesens-Orientierung (Beziehungen, Netzwerke, Kontakte, Partnerschaften, Kreativität, Genuss).

An dieser Stelle können wir die Frage aufwerfen, wie sich diese Tendenzen auf unser Selbstbewusstsein auswirken. Was können wir tun, um unser Selbstbewusstsein zu stärken? An dieser Stelle führt uns der Weg wieder zurück zu unserem innersten Wesenskern. Je mehr wir erkennen und in der Lage sind unseren Kern zu beschreiben und auch zu leben, umso stärker wird sich das Bewusstsein für uns selbst entwickeln. „Erkenne Dich selbst und Dir wird Kraft gegeben." Selbstbewusstsein ist eine Kraft, die von „innen" heraus nach „außen" strahlt. Würde die Kraft von außen kommen, hieße sie vermutlich „Fremdbewusstsein"…

Wie definieren Sie Erfolg? Ziehen Sie eher äußere Kriterien in Betracht (Geld, Besitz, Macht, Karriere) oder eher innere Faktoren (Glück, Liebe, Zufriedenheit)? Vielleicht macht's ja auch die Mischung?

Sind Sie in Bezug auf Feedback eher von äußeren Einflüssen abhängig *(„das hast Du gut/schlecht gemacht")* oder vertrauen Sie auf sich selbst *(„das habe ich gut/schlecht gemacht")*?

Nehmen Sie wieder Ihren Stift zur Hand, um Ihre persönlichen Gedanken und Gefühle in Bezug auf Ihr Selbstbewusstsein zu entwickeln:

- Meine Haben-Orientierung zeigt sich nach außen durch:

  _____

  _____

- Meine Wesens-Orientierung wird sichtbar durch:

  _____

  _____

- Innerer Erfolg definiert sich für mich in etwa so:

  _____

  _____

- Meine Kriterien für äußeren Erfolg lauten:

  _____

  _____

- Ich hole mir Feedback in Form von:

  _____

  _____

- Ich benötige noch Feedback bezüglich:

  _____

  _____

2.1.6 Selbstbewusstsein und Charisma

Kennen Sie Menschen, die einen Raum betreten und ihn vollkommen mit ihrer (positiven) Energie ausfüllen? Ihre Ausstrahlung (Charisma) springt auf uns über und wir haben Teil an diesem Wohlgefühl. Diese positive Ausstrahlung macht uns sensibel für die Aufnahme von Informationen. Wir sind bereit und willens zuzuhören und uns weiterhin mit dieser angenehmen Energie zu versorgen. Charisma wirkt wie ein Türöffner auch dann, wenn wir diese Person zum ersten Mal erleben.

Charisma ist geknüpft an ein sehr starkes und gefestigtes Selbstbewusstsein und hat etwas mit Authentizität zu tun. Das Handeln muss zur Persönlichkeit passen.

Charismatische Menschen haben einen eigenen Stil in der Art, wie sie auftreten.

Sie sind von Ihrer Mission überzeugt, können andere dafür begeistern und ein „Wir-Gefühl" generieren. Bis heute gibt es keine Formel, die erklärt, warum manche Menschen dies vermögen, wohl aber einen Erklärungsansatz:

1. Selbstbild
Wir alle haben ein Bild unserer äußeren und inneren Eigenschaften, von denen wir glauben, dass sie in bestimmter Art und Weise auf unsere Umgebung einwirken. So glauben wir von uns selbst z. B. gerne, wir seien meist freundlich und liebevoll, unsere Umgebung hat jedoch manchmal eine andere Wahrnehmung. Diese Außenperspektive wird als „Fremdbild" bezeichnet.

2. Fremdbild
Durch das Fremdbild erhalten wir direkte oder indirekte Rückmeldung über unser Verhalten in ausgewählten Situationen. Entweder direkt, indem uns z. B. jemand sagt, er oder sie hätte uns in dieser Situation als unfreundlich und nicht liebevoll empfunden, oder als indirekte Rückmeldung, bei der wir nur das Gefühl haben, dass das eigene Verhalten beim Gesprächspartner wohl ein wenig anders (unfreundlicher) ankam, als es gemeint war. Gleichwohl kann auch unser Gesprächspartner mit seiner vorgeprägten Meinung „falsch" liegen, vielleicht auch gar nicht „in unserem Sinne" oder sogar genervt reagieren.

Wollen wir hingegen an einer bestimmten Eigenschaft von uns „arbeiten" und holen uns nun bezüglich der gleichen Eigenschaft Feedback von mehreren Personen ein, können wir zumindest eine Tendenz auslesen, ob wir in die richtige Richtung gehen.

> Fazit: viel Feedback bezüglich **einer** Eigenschaft stabilisiert das Fremdbild!

Bezüglich der Rückmeldung über das Fremdbild können wir eigentlich von Glück reden, wenn unser Gesprächspartner seinen Eindruck einer Situation, die er mit uns erlebt hat, gemäß seiner Wahrnehmung schildert. Nur dann haben wir die Möglichkeit, beim nächsten Mal eine Korrektur vorzunehmen, also uns selbst noch bewusster auf Freundlichkeit zu konzentrieren.

In all den anderen Fällen, in denen unsere Gesprächspartner zwar eine andere Wahrnehmung hatten, uns aber diese Version nicht direkt rückgemeldet haben, entsteht Unsicherheit. Wir haben das Gefühl *„da stimmt irgendetwas nicht"*, wissen aber nicht genau, was nicht in Ordnung ist. Dieses Gefühl verunsichert uns und reduziert in dieser Situation (und in allen ähnlich gelagerten Situationen) das Selbstbewusstsein.

In einem Satz: unser Selbstbewusstsein vergrößert sich, je stärker Eigenbild und Fremdbild übereinstimmen. Holen Sie sich deshalb, wann immer Sie können, besonders in „kritischen" Situationen möglichst zeitnah Ihr „Fremdbild" bei Ihren Gesprächspartnern ab.

3. Wunschbild

Wir Menschen wollen uns ja (meistens) weiterentwickeln und verfolgen immer wieder Ziele und Wünsche in unserem Leben. Dazu gehören sicher auch Ziele, die das Menschsein im Allgemeinen betreffen. Diese Wünsche können wir als Eigenschaften formulieren, die wir gerne „nach außen hin sichtbar" machen würden. Nachfolgend finden Sie beispielhaft eine beliebige Auflistung von Eigenschaften, um zu illustrieren, wie ein menschliches Wunschbild aussehen könnte:

„Ich wäre gerne:
kontaktfreudig, liebevoll, motiviert, kreativ, berechenbar, gut gelaunt, kooperativ, vorausschauend, planerisch, einfühlsam, ein guter Zuhörer, witzig, gut aussehend, arbeitsam, verantwortungsbewusst, zielstrebig, extravertiert, sparsam, großzügig, kompromissbereit, eloquent, intelligent, schnell, zuverlässig, verbindlich, strebsam, freundlich, sportlich, gesund, tolerant, hilfsbereit, lernfähig, geduldig, modisch, vielseitig interessiert, geschäftstüchtig, ausdauernd, gutmütig, teamfähig, glücklich, erfolgreich, lösungsorientiert, stilsicher, höflich, ehrlich, authentisch, entspannt …"

Diese Auflistung kann zeigen, wo wir gerne hin möchten mit unserem „Menschsein". Werden Selbstbild, Fremdbild und Wunschbild mehr und mehr deckungsgleich, so erhöht sich das Selbstbewusstsein und Charisma kann entstehen. Abb. 2.5 verdeutlicht nochmals diesen Zusammenhang:

Je größer die von Ihnen wahrgenommene Schnittmenge zwischen den drei Kreisen ist, umso stärker nehmen Sie Ihr Selbstbewusstsein wahr. Die „Ideallösung" bezüglich Selbstbewusstsein und Charisma wäre die vollständige Deckungsgleichheit aus Selbstbild, Fremdbild und Wunschbild.

Im Folgenden haben Sie die Möglichkeit, Ihr Selbstbild, Fremdbild und Wunschbild durch die von Ihnen vorgegebenen persönlichen Eigenschaften zu definieren. Nehmen

2.1 Die Verbindung zu Körper, Geist und Seele

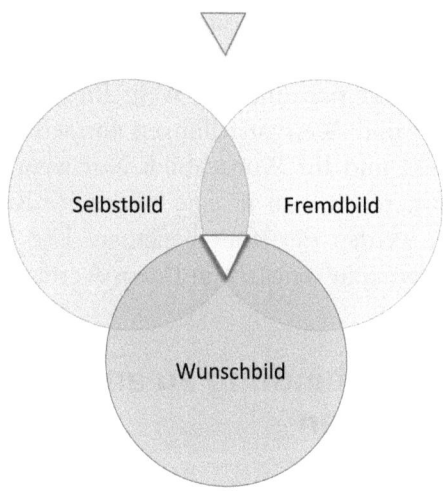

Abb. 2.5 Finden Sie Ihre Schnittmenge für mehr Charisma

Sie jetzt wieder Papier und Bleistift für schriftliches Nachdenken zur Hand.

1. Mein Selbstbild: ich bin …

   _____

   _____

2. Mein Fremdbild: es heißt, ich sei …

   _____

   _____

3. Mein Wunschbild: ich wäre gerne …

   _____

   _____

Die Tendenz und auch die Richtung, in die Sie sich entwickeln wird bestimmt durch Ihr Glaubens- und Wertesystem von sich und der Welt. Ihre Einstellungen, Denkmuster und Wertvorstellungen formen Ihr Wesen, Ihr Selbstbild und Ihr Wunschbild. Nur wenn Sie einen Nutzen darin sehen, sich in eine bestimmte Richtung zu entwickeln, werden sie damit beginnen. Die Perspektive „nützlich oder nicht" entsteht in Ihrem Wertesystem.

2.2 Die Verbindung zu anderen Menschen

2.2.1 Inseln erforschen

Wie bauen Sie Verbindungen und Kontakte zu anderen Menschen auf? *„Hallo, hier bin ich und ich erzähl' Ihnen jetzt mal, was ich alles weiß …"?* oder mehr nach der Methode *„Kennen Sie den schon?"…*

Vielleicht auch so: *„Wissen Sie, ich hab mich ja ein bisschen schlau gemacht über Sie/Ihr Unternehmen/Ihr Produkt und ich muss Ihnen sagen, aus meiner Sicht muss man das Ganze vor dem Hintergrund von Gesichtspunkt A betrachten, weil vor allem X und Y da ja auch noch mit reinspielen. Wenn Sie dann noch Z berücksichtigen, dann stellt sich die Sache ungefähr wie folgt dar: …".* Und so weiter und so fort. Ach, Sie hören schon gar nicht mehr zu?

Wenden wir das Beispiel auf eine private Situation an (z. B. das erste Kennenlernen, das erste Date), dann könnte sich folgender Monolog entspinnen: *„Wissen Sie, ich bin ja inzwischen Geschäftsführer dieser Unternehmensgruppe und*

2.2 Die Verbindung zu anderen Menschen 47

habe seit Januar auch Prokura ("oh, der Arme, das ist hoffentlich heilbar" mögen manche da denken). Zuerst dachte ich, eine Wohnung im Viertel XY wäre vielleicht das Richtige, aber dann hab ich mich doch für das Penthouse in "Z" entschieden, weil man muss ja vor allem bedenken, dass …"

"… naja, jedenfalls habe ich in den letzten Jahren deutlich festgestellt, dass Immobilien unter Berücksichtigung von C einfach höhere Erträge abwerfen, als wenn man – rein theoretisch betrachtet – nur A und B in Betracht zieht. Wie haben Sie denn Ihr Vermögen abgesichert? Also meine Strategie ist da ganz einfach: möglichst viele Anteile von E, ein bisschen F und vielleicht noch T und W zur Risikostreuung."

Am besten Sie erzählen das alles völlig ungefragt, einfach, weil es womöglich ein Thema ist, das Sie sogar vorbereitet haben.

Ich hoffe, Sie erkennen an dieser Stelle sowohl die Ironie als auch den Realitätsbezug solcher und ähnlicher "Dialoge".

Mit oben beschriebener Vorgehensweise können Sie ziemlich sicher sein, dass Sie jeden natürlichen Gesprächsfluss verhindern und vor allem aber eines tun: Sie reden von sich. Menschen, die sich selbst gerne reden hören, erzählen nun mal gerne von sich und vergessen dabei oftmals ihr Gegenüber.

Wenn Sie einen Blick in die einschlägige Literatur zum Thema "Flirten" oder "Freundschaften schließen" werfen, finden Sie häufig den Ratschlag: "Vermeiden Sie das Wörtchen "Ich" in der Kennenlernphase, so gut es geht!"

Wenden Sie sich Ihrem Gesprächspartner zu, in dem Sie die Worte "Sie", "Du" "Dein" "Ihr", "Euer" verwenden. Wann immer Sie mit diesen Worten arbeiten, sind

Sie sprachlich und inhaltlich automatisch auf Erkundungsreise in Richtung Ihres Gegenübers.

In der Literatur finden Sie dafür auch den Begriff „Inselmodell". Indem Sie sprachlich und damit inhaltlich zunächst die Insel des anderen erkunden, signalisieren Sie Interesse und erhalten gleichzeitig wertvolle Informationen über die andere „Insel".

Jetzt (erst) haben Sie Anknüpfungspunkte, die es Ihnen ermöglichen, auch mit Worten wie „wir" oder „unser" oder „gemeinsam" zu arbeiten, um die vielleicht beginnende Beziehung enger zu gestalten.

Abb. 2.6 zeigt Ihnen das Inselmodell. Sie können selbst entscheiden, welches der einfachere Weg ist, die

Abb. 2.6 Zuwendung mit Herz und Verstand. (Quelle: Barbara Kinzebach)

2.2 Die Verbindung zu anderen Menschen

Schnittmenge zwischen den beiden (zunächst voneinander getrennten Inseln, da Sie sich ja noch nicht kennen) zu vergrößern: entweder ins „Blaue hinein" von sich selbst zu erzählen oder sich Ihrem Gegenüber mit aktivierenden Fragen zuzuwenden und die andere Person kennenzulernen.

Die Kommunikation zwischen Menschen spielt sich immer auf zwei Ebenen gleichzeitig ab, nämlich sowohl auf der Inhaltsebene („von Kopf zu Kopf") als auch auf der emotionalen Ebene („von Herz zu Herz"). So etwas wie eine „rein sachliche Diskussion" existiert nicht!

Versuchen Sie einmal, während eines Gesprächs für ca. zehn Minuten vollständig auf der Insel des anderen zu bleiben (das funktioniert auch mit Leuten, die Sie schon kennen und besonders gut mit „neuen" Menschen). Sie werden erstaunt sein, welche Menge an Konzentration das erfordern kann.

Überlegen Sie sich Ihre erste Frage. Diese Frage ist das Einzige innerhalb dieses Gesprächs, was Sie vorbereiten können! Der weitere Verlauf ist von den Antworten Ihres Gesprächspartners abhängig. Notieren Sie sich (in Gedanken oder als Mitschrift) Antwortbestandteile Ihres Gegenübers und bilden Sie daraus die nächste(n) Frage(n). Seien Sie ganz beruhigt: die Fragen können Ihnen gar nicht ausgehen, weil Sie alle Informationen dafür von der „anderen Insel" durch deren Antworten bekommen.

In dieser Phase des Kennenlernens (eines neuen Menschen oder eines neuen Inhalts bei einem bekannten Menschen) sind folgende drei kommunikativen Fähigkeiten von großem Nutzen, um für beide Gesprächspartner den größtmöglichen „Gewinn" zu erzielen:

> Fragen – Hinhören – Zuwenden

1. Die richtige Anfangsfrage

stellen und aus den Antworten eine zielführende Anschlussfrage formulieren (= „in die Tiefe gehen").

2. Konzentriertes Hinhören

um die genannten Inhalte mit eigenen Worten wiederholen zu können, quasi als „Beweis" für Ihren Kommunikationspartner, dass Sie ihn verstanden haben, aber auch für Sie als wertvolle Informationen, auf denen Sie im Gespräch aufbauen können.

3. Eine zugewandte Körpersprache

mit Blickkontakt, Kopfnicken, „verbalem Grunzen" (hmm, ja, aha), um zu signalisieren: „ich bin bei Dir" und (fast) „nichts kann mich jetzt ablenken".

Lassen Sie uns einen Dialog durchspielen, in dem diese drei Kriterien Anwendung finden. Das ist kein Hexenwerk! Jeder von Ihnen kann das und hat alle drei Fähigkeiten im Laufe seines Lebens schon hundertfach angewendet. Es ist nur eine Frage der Kalibrierung, des „sich auf den anderen einstellen Könnens und Wollens".

Variante 1: Dialog ohne Inselmodell

Chef:
„Guten Morgen, Herr Schmidt, schön, dass Sie da sind. Was kann ich denn für Sie tun?"

> **Schmidt:**
> *"Tja, ob das ein schöner Morgen ist, weiß ich nun wirklich nicht…"*
> **Chef:**
> *"Erzählen Sie mal: was ist denn los?"*
> **Schmidt:**
> *"Also irgendwie ist bei uns der Wurm drin. Das läuft einfach alles nicht mehr richtig!"*
>
> Zwischenanalyse: Wenn der Chef jetzt den Fehler macht, sofort zu antworten, ohne genauer zu hinterfragen, könnte der Schuss nach hinten losgehen und etwa so klingen:
>
> **Chef:**
> *"Na, Herr Schmidt, jetzt machen Sie mal halblang. So schlimm kann das doch gar nicht sein!!!"*
> oder:
> *"Also Herr Schmidt, ich versteh das nicht, bisher haben wir uns doch immer ganz gut verstanden …"* (hier bezieht der Chef das "uns" auf sich und Schmidt)
> oder:
> *"Ach Herr Schmidt, Sie sind doch einer unserer besten Mitarbeiter hier. Das kriegen Sie doch bestimmt wieder hin!"*
> oder:
> *"Wissen Sie, ich hab im Moment auch ganz viele Dinge die "obenauf liegen" und die meisten davon muss ich allein regeln …"*

In allen vier Fällen schildert der Chef nur seine eigene Wahrnehmung und verbleibt deshalb bei allen vier Varianten auf seiner eigenen Insel, ohne Schmidts Insel auch nur ansatzweise zu berühren. Lassen Sie uns den Anfang des Dialogs noch einmal führen, dann aber „inselgerecht" weitermachen:

Variante 2: Dialog mit Inselmodell

Chef:
„Guten Morgen, Herr Schmidt, schön dass Sie da sind. Was kann ich denn für Sie tun?" (1. Frage)
Schmidt:
„Tja, ob das ein schöner Morgen ist, weiß ich nun wirklich nicht …"
Chef:
„Erzählen Sie mal: was ist denn los?" (2. Frage)
Schmidt:
„Also irgendwie ist bei uns der Wurm drin. Das läuft einfach alles nicht mehr richtig!"
Chef:
„Oh, das hört sich ja gar nicht so gut an. Worum geht's denn genau?" (3. Frage zur Vertiefung)

Zwischenanalyse: Der Chef ist gefühlsmäßig bei Schmidt („hört sich ja gar nicht gut an") und aktiviert ihn durch seine erste Frage („*Worum geht es denn genau?"* Das Wort „genau" lädt Schmidt dazu ein, die Details zu schildern.)

Schmidt:
„Wissen Sie, irgendwie hab ich das Gefühl, dass das Team in unterschiedliche Richtungen arbeitet."
Chef:
„Das heißt, aus Ihrer Sicht kommen die Leute nicht miteinander klar („Team") und inhaltlich läuft's auch nicht gerade rund („unterschiedliche Richtungen". Der Chef hat hier aktiv hingehört und wiederholt). Hab' ich Sie da richtig verstanden?" (4. Frage)

Zwischenanalyse: Chef = C = Clever! Die Aussage „aus Ihrer Sicht" entspricht zu 100 % dem „Inselgedanken" und beinhaltet auch noch die Möglichkeit, dass der Chef die Angelegenheit am Ende des Gesprächs „aus seiner Perspektive" durchaus als unproblematisch betrachten kann („verstanden" heißt nicht immer „einverstanden").

> Die Rückfrage „*habe ich Sie da richtig verstanden?*" erzeugt entweder ein „ja, genau" oder ein „nicht ganz" oder „ganz und gar nicht", was im letzten Fall einfach bedeuten würde, dass beide Seiten noch kein gemeinsames Verständnis des Problems haben und hier Klärungsbedarf besteht.
> Natürlich ist C dem S während der ganzen Zeit des Gesprächs zugewandt, nimmt keine Anrufe entgegen, schaut nicht auf sein Mobiltelefon, ob Emails oder eine SMS angekommen sind, spielt weder an einem Kugelschreiber herum noch sichtet er Unterlagen, während er zu S sagt: „*Sprechen Sie ruhig weiter, ich höre Ihnen zu*".

Hierbei geht es nicht um den Aspekt, ob C Multitasking-Fähigkeiten besitzt und seinem Mitarbeiter tatsächlich zuhören kann, während er anderweitig beschäftigt ist, sondern es geht gerade in kritischen Fällen um das Thema Aufmerksamkeit und Zugewandtheit.

Es geht darum, sich dem Gesprächspartner mit voller Aufmerksamkeit zuzuwenden. Oder nennen Sie es Respekt oder vielleicht auch gesundes Sozialverhalten.

2.2.2 Empathie und Einfühlungsvermögen

Empathie oder auch Einfühlungsvermögen werden manchmal mit Hinhören verwechselt. Während das Hinhören eher durch das Aufnehmen von Fakten geprägt ist, konzentriert sich Empathie zu einem großen Teil auch auf das Aufnehmen und Widerspiegeln der Gefühlswelt des Gesprächspartners.

Es kommt also nicht so sehr auf den Inhalt, also die Sachebene an, sondern die emotionale Ebene steht hier im Vordergrund der Betrachtung.

Empathie bedeutet, vollständig, also inhaltlich **und** emotional auf der Insel des Gesprächspartners zu bleiben und diese Insel erst wieder zu verlassen, wenn er oder sie das Ende der „Empathiesequenz" andeutet.

Bevor ich Ihnen ein Beispiel für einen empathischen Dialog schildere, hier noch ein paar Hinweise, wie Empathie am besten gelingt:

1. Seien Sie Ihrem Gesprächspartner **körperlich zugewandt.** Konzentrieren und kalibrieren Sie sich auf die andere „Insel". Nehmen Sie eine ähnliche oder die gleiche Sitzposition ein, gleichen Sie Ihr Sprechtempo oder die Tonhöhe an die Modulation Ihres Gegenübers an, verwenden Sie ähnliche Handbewegungen oder auch Wörter wie Ihr Gesprächspartner.
2. Bleiben Sie sprachlich in der **Gegenwart!** Empathie schaut weder zurück in die Vergangenheit noch nach vorne in die Zukunft.
3. Bleiben Sie **„neutral".** Ihre eigene Meinung ist im Moment der Empathie nicht gefragt und für den Prozess sogar hinderlich.
4. Extrahieren Sie aus den Worten Ihres Gegenübers die **Emotionen,** greifen Sie sie auf und spiegeln Sie sie sprachlich und/oder körpersprachlich zurück. Je genauer Sie die Emotionen Ihres Gesprächspartners widerspiegeln können, umso besser fühlt er/sie sich verstanden und umso konzentrierter haben Sie zugehört.

5. Empathie bedeutet auch, **keine Lösungen** zu erarbeiten (dann wären Sie gedanklich wieder in der Zukunft)! Bei der Empathie geht es nicht um Helfen im Sinne von *„wir kriegen das schon hin"*. Empathie versucht lediglich zu hören, zu sehen, zu spüren und das Gehörte, Gesehene und Gespürte dem Gesprächspartner wieder zurückzuspiegeln.
6. Dieser **gegenwärtige und präsente Zustand** (manchmal ähnlich einer leichten Trance), in dem sich unser Gesprächspartner dank unserer Hilfe idealerweise befindet, ermöglicht ihm/ihr eine veränderte Sichtweise auf das Problem, welches jetzt nicht mehr nur im Kopf, sondern auch im Herzen gelöst wird.

Diese „Trance" setzt zusätzliche Lösungsenergie frei. Vermutlich werden Sie häufiger feststellen, dass Ihr Gegenüber am Ende des Gesprächs im wahrsten Sinne des Wortes „gelöst" wirkt.

Das folgende Beispiel zeigt, wie Empathie „funktionieren" kann.

Empathischer Dialog

[1] Kind, 13 Jahre
(kommt gerade von der Schule nach Hause): „Mama, jetzt ist es wirklich so weit! In diese blöde Schule geh' ich nicht mehr! Mir reicht's jetzt endgültig. Die können mich alle mal …"

[2] Mutter:
„Hey, Du bist aber ganz schön wütend … was ist denn los?"

[3] Kind:
„Ach, ich weiß auch nicht, irgendwie ist das alles zum Kotzen dort!"
[4] Mutter:
„Hmm, da gibt's offenbar gar nichts mehr, was Dir da gefällt …"
[5] Kind:
„Ach, so würd' ich's jetzt grade auch wieder nicht sagen, aber wie manche Lehrer mit uns umspringen, das ist echt unter aller Sau!"
[6] Mutter:
„Das heißt, die behandeln Euch nicht gut … was genau meinst Du denn damit?"
[7] Kind:
„Naja zum Beispiel der Schmidt in Physik: da sagt er, dass wir das Thema X für die Klausur vorbereiten sollen und dann kommt Thema Y dran. Da fühl' ich mich total verarscht."
[8] Mutter:
„Dann fühlst Du Dich vom Schmidt betrogen, weil er Dich anlügt …"
[9] Kind:
„Ja, genau! Das ist voll ätzend und wir haben uns schon überlegt, irgendeine Aktion zu fahren, um es ihm heimzuzahlen, damit er mal merkt, dass wir so was nicht mit uns machen lassen."
[10] Mutter:
„… also eine Art gemeinsamer Schlachtplan, der ihm zeigen soll, dass Ihr zusammen sehr stark sein könnt."
[11] Kind:
„Irgend so was in der Art. Aber ich weiß auch nicht genau, ob das das Richtige ist …"
[12] Mutter:
„Du meinst, Du zweifelst gerade, ob Ihr Gleiches mit Gleichem vergelten wollt?"

2.2 Die Verbindung zu anderen Menschen

> **[13] Kind:**
> „Ja, irgendwie schon. Ich werd' morgen mit den anderen noch mal drüber reden ... was gibt's denn heute Mittag zu essen?"

Von außen betrachtet könnten Sie jetzt sagen: *„Mein Gott, die Mutter wiederholt ja die Sätze Ihres Kindes wie ein Papagei. Das klingt ja wie nachäffen!"* Ja, von „außen" betrachtet mögen Sie Recht haben. Wer einmal einen solchen oder ähnlichen Dialog aus der Position des Kindes erlebt hat, kann nachvollziehen, welches Wohlgefühl sich da ausbreitet, wenn man mal einfach nur erzählen darf, sich keinerlei (meist ungebetene) Ratschläge anhören muss, keine Lösungen ausgearbeitet werden, sondern es einfach möglich ist, sich den ganzen Kummer von der Seele zu reden. Kritiklos, vorurteilslos, meinungslos und möglichst neutral. Und, völlig richtig, das Konzept der Empathie erfordert etwas Übung und Konzentration. Auf der anderen Seite wirken die positiven Effekte wie Wunder.

Nachfolgend finden Sie die Analyse des Dialogs vor dem Hintergrund des Empathie-Gedankens:

[1]
Das Kind ist verärgert, hat eine Wut im Bauch und beginnt mit einer verallgemeinernden stereotypen Aussage, die sich auf die gesamte Schule bezieht.

[2]
Die Mutter spiegelt das Gefühl der Wut und will jetzt die „Probleminsel" ihres Kindes erforschen. Daher stellt sie ihre erste Frage: *„Was ist denn los"*?

[3]

Das Kind ist immer noch wütend (allerdings ist seine Gemütslage schon etwas gedämpfter, weil es zum Reden ermuntert wurde, also „Dampf ablassen" konnte) und verallgemeinert noch immer *("irgendwie ist das alles zum Kotzen dort")*

[4]

Die Mutter spiegelt auch diese Aussage vollständig mit dem Satz *„da gibt's offenbar nichts mehr, was Dir dort gefällt"*. Sie unternimmt hier interessanterweise keinen Versuch, das Ruder „herumzureißen", in dem sie z. B. sagt: *„ach komm, irgendwas wird's doch noch geben, woran Du Spaß hast. Was ist denn mit dem Sportunterricht? Der gefällt Dir doch immer so gut?"*

Versuche dieser oder ähnlicher Art führen sofort aus der Empathie heraus, verlassen damit die im Augenblick so wichtige emotionale Ebene (Trance!) und führen zurück ins „Denken" mit der großen Wahrscheinlichkeit, dass sich unser Gegenüber jetzt verschließt oder Streit mit uns beginnt („Flucht oder Angriff").

[5]

An dieser Stelle kehrt das Kind von selbst in die andere Richtung um: *„so würd' ich's jetzt grade auch nicht sagen…"*, nachdem es gerade durch die Mutter die eigenen Worte widergespiegelt bekommen hat.

[6]

Die Mutter fasst wiederum die Emotionen Ihres Kindes zusammen *("das heißt, die behandeln Euch nicht gut")* und versucht, aus dieser allgemeinen Situation Detailinformationen mit der Anschlussfrage: *"was genau meinst Du denn damit"?* herauszuarbeiten.

[7]
Jetzt erfahren wir, dass es dem Kind gerade vorwiegend um das Thema „Physiklehrer Schmidt" geht, über den es sich ärgert.

[8]
Wieder versucht die Mutter, die Gefühle Ihres Kindes zu spiegeln: *"Dann fühlst Du Dich vom Schmidt betrogen, weil er Dich anlügt…"*

[9]
An dieser Stelle bekommt die Mutter von Ihrem Kind die erste Zustimmung: *"Ja genau!"*…

Überprüfen Sie sich selbst: unter welchen Bedingungen haben Sie mehr Lösungsenergie für Probleme oder Herausforderungen? Wenn Sie innerlich im „Nein" – Modus sind oder wenn Sie auf „Ja" geschaltet haben?

Geist, Körper und Seele arbeiten auf einem höheren Energieniveau, wenn wir uns im „Ja" – Modus befinden. Wir sind dann innerlich bereit, die Problemzone allmählich zu verlassen und den Lösungsraum zu betreten!

[10]
Auch hier fasst die Mutter „lediglich" die Inhalte und Emotionen Ihres Kindes zusammen, ohne Ihre eigene Meinung mit einzubringen oder die Aussagen Ihres Kindes zu bewerten. Sie sagt *"…also eine Art gemeinsamer*

Schlachtplan, der ihm zeigen soll, dass Ihr zusammen sehr stark sein könnt".

Die Mutter verhält sich auch hier „neutral". Diese **Neutralität** verbunden mit dem „**Warten können** um Lösungen zu suchen" in Kombination mit dem permanenten Verbleiben in der **Gegenwart** ist der Königsweg der Empathie.

Die Mutter hat weder gefragt, wie ihr Kind denn ähnliche Probleme früher mit anderen Lehrern gelöst habe noch hat sie ihrem Kind die („empathiefeindliche") Zukunftsfrage gestellt: „...*und, was willst Du jetzt tun?*".

[11]
Wieder hört das Kind seine eigenen Worte und gerät nun ins Zweifeln, ob sein Plan wirklich die richtige Vorgehensweise ist: *„Irgend so was in der Art. Aber ich weiß auch nicht genau, ob das das Richtige ist..."*

Die anfängliche Wut, der Dampf, ist so gut wie verraucht und (erst) jetzt wird es dem Kind (wieder) möglich, klar zu denken, weil es sich nicht (mehr) bedroht fühlt (weder vom Lehrer noch von der Mutter, die, so macht es den Anschein, auf der Seite des Kindes steht, obwohl sie sich das ganze Gespräch hindurch neutral verhält).

[12]
Auch das Gefühl des Zweifels spiegelt die Mutter „neutral" wider: „*Du meinst, Du zweifelst gerade, ob Ihr Gleiches mit Gleichem vergelten wollt?*"

[13]
Jetzt bahnt sich aus der Sicht des Kindes eine Lösung an: „Ja, irgendwie schon. Ich werd' morgen mit den anderen noch mal drüber reden …" und jetzt kommt auch schon das „Signal" für das Ende dieser Gesprächssequenz vonseiten des Kindes: „…was gibt's denn heute Mittag zu essen?"

Natürlich haben wir es hier mit einem idealtypischen Verlauf eines empathischen Gesprächs zu tun und dementsprechend sind wir weit weg von Garantien im Sinne von „das wird ab heute immer so laufen". Dennoch finden wir gerade in einem idealtypischen Muster wertvolle Hinweise für den Umgang mit der Realität.

An dieser Stelle mögen Sie vielleicht sagen, ja, klar, mit Familienmitgliedern kann ich vielleicht noch empathisch umgehen. Aber mit meinem Chef oder dem Nachbarn?

Versetzen Sie sich hierzu kurz in die Situation, wie es sich für Sie anfühlt, wenn Sie Ihrem Gegenüber von einem Problem erzählen dürfen und der- oder diejenige einfach nur zuhört, ohne Ratschläge (sind auch Schläge) zu geben. Damit wird zunächst eine Verbindung auf seelisch-emotionaler Ebene geschaffen, die Ihnen beiden die notwendige Lösungsenergie für das Faktische bereitstellt.

Die Anwendung von Empathie mag sich (gerade in unserer schnelllebigen Zeit) ungewöhnlich anfühlen und genau deswegen ist sie so wohltuend und effektiv für die Erarbeitung von Lösungen. Je konfliktreicher die Situation (zu werden scheint), umso notwendiger der Einsatz von Empathie als „Win-win"-Element.

> Emotionale Sicherheit bildet die Grundlage für effizientes Arbeiten!

2.2.3 Angriff oder Flucht

Gerade in vermeintlich kritischen Situationen wäre der Einsatz von Lächeln und Leichtigkeit das richtige Mittel, um eine angespannte Situation zu entkrampfen und dadurch lösungsorientierte Wege (wieder) gangbar zu machen. Was passiert mit uns Menschen, wenn wir angespannt sind bzw. was sind die Auslöser von Anspannung? Die Antwort erscheint zunächst einfach: wann immer wir angespannt sind, ist Angst im Spiel.

Angst, etwas oder jemanden zu verlieren, die Angst, „über den Tisch gezogen zu werden", die Angst „nicht gut dazustehen oder auszusehen", die Angst „nicht gut oder intelligent genug" zu sein, die Angst zu „versagen" oder auch die Angst, die Kontrolle zu verlieren. Wann immer wir Angst empfinden ist unser Selbstbewusstsein in Gefahr, ist irgendeine Art von Abwertung mit im Spiel.

Das Grundgefühl der Angst gibt es in allen Kulturen, in allen Völkern, bei allen Menschen. Wie reagieren wir, wenn wir Angst verspüren? Im Wesentlichen „kennen" wir seit Urzeiten tendenziell zwei Alternativen, um auf Angst zu reagieren: Angriff oder Flucht.

In der angloamerikanischen Literatur finden wir hierzu den Begriff „fight or flight", also Kampf oder Flucht. Was passiert innerhalb des Systems Mensch, wenn wir auf „Kämpfen oder Fliehen" programmiert sind? Was tun Sie, wenn Sie wie in Abb. 2.7 gerade auf Safari sind und sehen,

2.2 Die Verbindung zu anderen Menschen

Abb. 2.7 Löwenattacke – fight or flight? (Quelle: Barbara Kinzebach)

dass ein Löwe sich mit großer Geschwindigkeit auf Sie zubewegt?

Haben Sie da noch Überlegungen der folgenden Art im Kopf: „*…also der Löwe beschleunigt gerade und bewegt sich sehr schnell auf mich zu. Er ist im Moment noch ca. 350 m von mir entfernt und wird, rein rechnerisch, in etwa Y Sekunden an seinem Ziel, also bei mir, sein. Dann hätte ich folgende Möglichkeiten zu reagieren: 1., 2. oder…*" und während Sie noch so weiterdenken, nimmt der Löwe bereits seine Abendmahlzeit ein.

Mit anderen Worten: im Moment der Gefahr (Angst) fängt unser Denkhirn an zu blockieren und unser „Reptiliengehirn" übernimmt blitzartig das Kommando: *„Fliehen, in den Jeep setzen und losfahren"* oder, falls vorhanden und gewusst wie: *„Mit dem Gewehr auf den Löwen schießen und damit das eigene Überleben sichern"*.

Wie sieht es aus, wenn wir das Safari-Beispiel auf eine Alltagssituation übertragen, sagen wir auf zwei Personen, die sich handelseinig werden wollen, also jemanden, der etwas verkaufen möchte und jemanden, der vielleicht etwas kaufen möchte, wobei sich das Kaufen nicht unbedingt auf eine Ware beziehen muss?

Es kann auch ein Argument sein, ein Vorschlag, eine Überzeugung, die ich verkaufen möchte und von der ich hoffe, dass sie der oder die andere „kauft". In diesem Sinne sprechen wir an dieser Stelle vom Verhandeln. Was denken Sie? Wie oft verhandeln Sie tagtäglich in den verschiedensten Situationen? Am Arbeitsplatz (Kollegen, Chef, Mitarbeiter), zu Hause mit Ihrem Partner, Nachbarn, Freund, mit Ihren Kindern, Eltern, Kunden, Lieferanten?

Ganz gleich, ob es darum geht, lieber ans Meer oder in die Berge zu fahren, dieses oder jenes Auto kaufen zu wollen, ins Kino oder ins Theater zu gehen (in welchen Film, in welches Stück), ein Haus zu kaufen oder zu verkaufen, an eine bestimmte Schule zu gehen oder eine bestimmte Berufsausbildung oder ein Studium zu beginnen, mit dem Partner zusammenzuziehen oder in der eigenen Wohnung wohnen zu bleiben, um eine Gehaltserhöhung zu bitten oder ein Unternehmen zu gründen, die Wäsche selbst zu bügeln oder wegzugeben, die Kinder länger aufbleiben zu lassen oder wie immer zur gleichen Zeit ins Bett zu schicken: die Anzahl der Beispiele, die wir hier nennen könnten, gehen gegen unendlich. Wir könnten den gesamten Lebensbereich von Menschen abbilden und kämen zu dem Schluss: ein wichtiger Teil unserer Lebenszeit besteht aus Verhandeln, mit dem Ziel für uns und für unsere

2.2 Die Verbindung zu anderen Menschen

Verhandlungspartner ein (im Idealfall) gutes Ergebnis zu erzielen, neudeutsch auch „Win-Win-Situation" genannt.

Unter welchen Bedingungen verhandeln Sie lieber: wenn Sie (leichten) Druck vonseiten Ihres Gesprächspartners spüren, mit dem Ziel, Sie zu manipulieren und wenn Sie spüren, dass diese Person selbst einem Druck ausgesetzt ist und die Verhandlung unbedingt „gewinnen" muss?

Oder wenn Sie die Freiheit spüren, zu dem Ihnen angebotenen Vorschlag auch *„nein danke"* sagen zu können, ohne dass Ihnen jemand böse ist?

Ja, natürlich, dies sind rhetorische Fragen und die Antwort liegt auf der Hand: echte und große Entscheidungen finden immer unter Unsicherheit statt (das liegt in der Natur der „echten" Entscheidung, bei der die Entscheider das zukünftige Ergebnis nicht kennen); deshalb ist gerade in solchen Situationen das Gefühl der emotionalen Sicherheit und Stabilität beider Gesprächspartner entscheidend für eine konzentrierte, kreative und entspannte Kommunikation und eine sachlich bestmögliche Entscheidung.

Das heißt, Verhandeln mit dem Ziel eines guten Ergebnisses bedeutet *„hart in der Sache und weich im Tonfall"* zu agieren. „Hart in der Sache" bedeutet an dieser Stelle so viel wie „klar" im Sinne von „dies ist mein Verhandlungsspielraum". „Weich im Tonfall" bezieht sich auf die emotionale Verbindung zu meinem Gesprächspartner unabhängig von der zu verhandelnden Sache. Diese Systematik ist auch bekannt als Teil des Harvard Konzepts: „Separate the people from the problem".

Mithilfe des folgenden exemplarischen Gesprächs können Sie überprüfen, wie viel Lächeln und Leichtigkeit denn in dieser Verhandlungssituation auf beiden Seiten (nicht) vorhanden ist und durch welche kommunikativen Mechanismen Angst- oder Loslass-Effekte entstehen können:

> **Verhandeln am Beispiel eines Preisgesprächs zwischen Verkäufer und Unternehmenskunde**
>
> **[1] Verkäufer:**
> *„… haben wir unsere Produktpalette ein wenig erweitert und von daher würde ich Ihnen unbedingt Artikel X anstatt Y empfehlen."*
>
> **[2] Kunde:**
> *„Aha, und wieso ist Y nicht mehr so gut? Das hatte ich doch die ganzen letzten Jahre und ich war immer sehr zufrieden damit …"*
>
> **[3] Verkäufer:**
> *„Ach wissen Sie, Y hat sich aus unserer Sicht eher zum Auslaufmodell entwickelt und wir hatten mehr und mehr Reklamationen von Kunden, die einfach etwas anderes wollten. Schauen Sie sich X doch einfach mal an. Sie werden sehen: es ist genau das, was Sie brauchen!"*
>
> **[4] Kunde:**
> *„Hm, ich weiß nicht so ganz, was würde X denn kosten?"*
>
> **[5] Verkäufer:**
> *„Also, da kann ich Ihnen gerade für die nächsten 7 Tage noch einen Superpreis machen! Das wären dann, warten Sie mal (rechnet verdeckt auf dem Taschenrechner): Z Euro pro Stück!"*
>
> **[6] Kunde:**
> *„Z Euro? Aber das sind ja 15 % mehr als mein altes Y…"*
>
> **[7] Verkäufer:**
> *„Na, schauen Sie doch mal, dafür hat es doch auch die neuen Funktionen A, B und C. Die hatte Y ja gar nicht."*

> **[8] Kunde:**
> *„Stimmt, und die haben wir bei uns auch noch nie eingesetzt ... Also, das muss ich mir alles noch mal überlegen. Ich rufe Sie dann an, wenn ich mich entschieden habe."*
> **[9] Verkäufer:**
> *„Zögern Sie nicht zu lange! Das Angebot für das neue X kann ich noch 7 Tage für Sie reservieren. Und glauben Sie mir: Sie werden es nicht bereuen ..."*

Notieren Sie Ihre Beobachtungen in den folgenden Zeilen.

_____

_____

Haben Sie die Anspannung, den Druck und die Angst, „etwas zu verlieren", auf beiden Seiten gespürt? Haben Sie die Mechanismen aus Angriff und Flucht auf beiden Seiten erkannt? Wie verhalten sich aus Ihrer Sicht die beiden Protagonisten? Eher partnerschaftlich oder eher wie Gegner? Wodurch ergeben sich diese Ihre Eindrücke? Notieren Sie Ihre Beobachtungen.

Wann tauchen Lächeln, Leichtigkeit, Zugewandtheit und Empathie auf? Interessiert sich der Verkäufer für seinen Kunden oder möchte er ihm lediglich etwas verkaufen? Spüren Sie eher Verkaufsdruck oder einen Kaufsog? Unter welchen Bedingungen würden Sie lieber etwas kaufen? Wenn Sie das Gefühl haben, etwas kaufen zu sollen, oder wenn Sie den Wunsch nach einem besseren Produkt verspüren?

Wie also können wir uns aktiv mit unseren Mitmenschen (Verhandlungspartnern) verbinden?

Lassen Sie uns versuchen, an dieser Stelle Antworten anhand des Beispiels zu entwickeln und vielleicht aufseiten des Verkäufers ein wenig empathischer vorzugehen:

Analyse des Preisgesprächs
[1]
Der Verkäufer spricht von sich (ist rein sprachlich auf seiner Insel: *„… haben wir unsere Produktpalette erweitert"*). Es fehlt der Nutzen für den Kunden als Ergänzung *(„… das bedeutet für Sie, Sie könnten in der nahen Zukunft Ihren Kunden auch noch Variante 2 in Form von X anbieten. Wie finden Sie das?")*

Hier könnte sich der Verkäufer auf die Insel des Kunden begeben und seinen eventuellen zukünftigen Bedarf und seine Kaufbereitschaft prüfen. Tatsächlich aber baut der Verkäufer in unserem Beispiel bereits hier den ersten leichten Druck auf *(„ich würde Ihnen <u>unbedingt</u> X empfehlen…")*.

[1a] Alternative:
„Haben Sie schon von unserem neuesten Produkt „X" gehört? Das könnte vielleicht was für Sie sein …" Die Möglichkeit der Frage lässt dem Kunden die Freiheit, auch „nein" zu sagen.

[2]
Der Kunde spürt den ersten Druck vonseiten des Verkäufers und reagiert mit Gegendruck *(„Aha, und wieso ist Y nicht mehr so gut? Das hatte ich doch die ganzen letzten Jahre und ich war immer sehr zufrieden damit.")*

[2a] Alternative:
„Produkt X? Nein, kenne ich noch nicht … Erzählen Sie mal …". Die Frage aus 1. hat den Kunden aktiviert. Er gibt

dem Verkäufer jetzt die Erlaubnis für eine kurze Produktbeschreibung mit Vorteils- und Nutzenargumentation.

[3]
Das Argument mit dem Auslaufmodell könnte im Kunden den Eindruck erwecken, er würde mit einem veralteten, unmodernen, uneffizienten, nicht mehr zeitgemäßen Y arbeiten. Damit sieht er sein Produkt/Unternehmen/Selbst herabgesetzt. Diese Herabsetzung kann man durchaus als Angriff auf das Selbstbewusstsein deuten. Durch diesen Angriff kann – zwar in abgeschwächter Form aber dennoch wahrnehmbar – ein Abwehrmechanismus in Kraft gesetzt werden, der da heißt: „Kampf oder Flucht".

[4]
Unser Beispiel-Kunde reagiert zunächst verhalten, indem er fragt: „… *hm, ich weiß nicht so ganz, was würde X denn kosten?*" Die Unsicherheit des Kunden *(„ich weiß nicht so ganz")* wird vom Verkäufer überhaupt nicht aufgegriffen.

[4a] Alternative Verkäufer:
Verkäufer: *„… ich höre heraus, dass Sie noch nicht ganz überzeugt sind, ob X das Richtige für Sie ist, stimmt das?"*

Kunde: *„Ja, irgendwie schon. Ich frage mich gerade, wie wir X technisch in die restliche Umgebung integrieren können und ob wir es wirklich brauchen …"*

An dieser Stelle denkt der Kunde blockadefrei und kreativ bereits über den Einsatz von X nach und liefert dem Verkäufer auf diese Weise wertvolle Informationen. Der Verkäufer stellt sich jetzt auf den Kunden ein und sagt:

Verkäufer: *„… hmm, ja, ich sehe Ihren Punkt. Inwieweit könnte ich Ihnen da behilflich sein?"*

Durch diese Frage dokumentiert der Verkäufer partnerschaftliches Verhalten und das Interesse am Erfolg des Kunden.

[5]
Die *„der Preis gilt aber nur noch 7 – Tage"* – Methode baut ebenfalls Druck auf, kann andererseits auch motivierend zum Kauf anregen. Hier kommt es auf die Situation an und auf das persönliche Verhältnis, das Verkäufer und Kunde in diesem Moment zueinander haben.

[5a] Alternative Verkäufer:
Verkäufer: *„Wenn Sie die Einsatzmöglichkeit bei sich im Betrieb prüfen und ich Ihnen den Preis für X für die kommenden 7 Tage reserviere, wäre Ihnen da geholfen?"*

Auf dieser partnerschaftlichen Ebene könnte das komplette Preisgespräch (im Beispiel die Fragen 6 bis 9) wahrscheinlich sogar vermieden werden, weil die Notwendigkeit für Angriff oder Flucht auf beiden Seiten nicht mehr gegeben wäre. Das kooperative Verhalten erhöht die Wahrscheinlichkeit einer Einigung. In dieser Atmosphäre sind Lächeln und Leichtigkeit weitaus einfacher zu erreichen und einzusetzen. Verwechseln Sie das Lächeln an dieser Stelle bitte nicht mit Schwäche.

Vor dem Hintergrund eines ausgeprägten Selbstbewusstseins oder Charismas signalisiert das Lächeln Kommunikationsbereitschaft, Offenheit, Vertrauen und Liebenswürdigkeit (= emotionale Anteile). Gleichzeitig werden Ihre Verhandlungspartner sehr wohl spüren, dass Sie es auf der argumentativen Seite „drauf haben", weil Sie Ihr Produkt kennen, Ihre Argumente durchdacht sind und Sie durchaus eine konkrete Vorstellung von dem haben, was Sie erreichen möchten (Sie erinnern sich: „hart in der Sache"…).

Auf diese Weise spielen Herz und Geist „Hand in Hand". Dadurch werden Sie als authentisch, kraftvoll, flexibel, zielorientiert, gelöst und nahbar erlebt.

2.2.4 Gleichklang in der Körpersprache

Vielleicht ist Ihnen schon aufgefallen, dass in Situationen, von denen Sie sagen würden *„Wir haben einen guten Draht zueinander"* oder *„da stimmt die Wellenlänge"* manchmal besondere „Zufälle" passieren: Sie und Ihr Gegenüber sitzen zum Beispiel in einem Restaurant (vgl. Abb. 2.8) und greifen exakt im gleichen Moment zum Glas. Oder Sie

Abb. 2.8 Harmonische Körpersprache. (Quelle: Barbara Kinzebach)

lehnen sich nach vorne, um etwas besonders Wichtiges zu sagen und Ihr Gesprächspartner kommt Ihnen ebenfalls entgegen. Sie runzeln die Stirn und die andere Person spiegelt Ihre Mimik.

Für diese körpersprachlichen Übereinstimmungen gibt es unterschiedliche Erklärungsansätze, die inzwischen auch wissenschaftlich bestätigt sind. Interessant ist hierbei, dass wir Menschen uns wohler, gelöster und entspannter fühlen, wenn die Wellenlänge stimmt. Gerade im Zuge dieses Wohlfühlens erleben wir kreative Denkprozesse als besonders effektiv und „leicht".

Den körpersprachlichen Gleichklang können Sie besonders gut feststellen, wenn Sie neben jemandem spazieren gehen. Wer „führt" und gibt das Tempo an? Wandern Sie, Schritt für Schritt, nebeneinander her? Stellen Sie manchmal fest, dass wenn einer der beiden Gesprächspartner etwas besonders Wichtiges sagen möchte, dass er oder sie manchmal stehen bleibt, um Ihnen direkt in die Augen zu sehen und Sie automatisch auch stehen bleiben?

Wenn Sie spüren, dass der Gleichklang innerhalb einer Gesprächssituation gerade besonders gut ist, wenn also beide die Wellenlänge spüren können, dann können Sie ausprobieren, ob Ihr Gegenüber sich von Ihnen führen lässt.

Ist die Vertrauensbasis auf beiden Seiten vorhanden, so könnten Sie sich in einer für Sie wichtigen Phase des Gesprächs nach vorne beugen und sehen, ob Ihr Gesprächspartner „mitzieht" und die jetzt folgende Information besonders konzentriert aufnimmt.

Achten Sie auf die körpersprachlichen Signale Ihres Gegenübers. Natürlich können auch Sie sich an die

Körpersprache Ihres Gesprächspartners anpassen, um für beide einen möglichst gesunden Gleichklang herzustellen.

Denken Sie daran: die Motivation, die Sie dabei verfolgen ist entscheidend! Ein bloßes Imitieren Ihres Gegenübers, um sich aus der guten Wellenlänge einen Vorteil zu verschaffen, kann vom anderen unbewusst oder bewusst als Manipulation erkannt werden und zum Verlust der Vertrauensbasis führen. Nur solange Sie im „Win-Win-Modus" agieren, sind Sie auf der sicheren Seite.

2.2.5 Nähe und Distanz

Wie stellen Sie Nähe zu Personen her, mit denen Sie in Kontakt treten möchten? Wie können Sie gleichzeitig deren inneren Freiraum wahren, ohne zu distanziert zu wirken? Dieser Balanceakt aus Nähe und Distanz lässt sich einerseits individuell betrachten und andererseits aus einer kulturellen Perspektive heraus erklären:

Sie haben vielleicht schon selbst erlebt, dass eine Person mit Ihnen in Kontakt kommen möchte, spricht, auf Sie zugeht und immer näher kommt. Sie weichen zurück und die Person rückt sofort nach und zwar so lange, bis Sie mit dem „Rücken zur Wand" stehen. Vielleicht greift die andere Person sogar nach Ihrem Arm oder Ihrer Schulter oder tippt Sie an.

Solche Menschen dringen (bewusst oder unbewusst) in den persönlichen Distanzraum des anderen ein. Diese für Fremde ungesunde Nähe wird als Angriff empfunden und erzeugt die Reaktion „Kampf oder Flucht". Das Denkhirn wird mehr und mehr außer Kraft gesetzt, der in die Enge

Gedrängte versucht, Strategien im Sinne von Angriff oder Rückzug zu entwickeln und auch auszuführen.

Ein „Zuviel" an Nähe kann auch rein sprachlich hergestellt werden und provoziert die gleichen Abwehrmechanismen. Menschen bevorzugen meistens authentische Kommunikation unter Beachtung der individuellen Freiheitsgrade.

Haben wir jederzeit (sprachlich und körpersprachlich) das Gefühl, auch „nein" sagen zu können, erhöhen sich die wahrgenommenen Freiheitsgrade und das Gespräch wird – meist sogar unabhängig vom Inhalt – als eher angenehm erlebt.

Wie weit die individuelle Distanzzone eines Gesprächspartners reicht, hängt auch von seiner kulturellen Prägung ab. Beispielsweise gibt es – grob ausgedrückt – ein „Nord-Süd-Gefälle" innerhalb Europas. Ein Skandinavier braucht im Durchschnitt mehr körperliche Distanz als z. B. ein Spanier, der Berührungen während eines Gesprächs sogar aktiv sucht (Abb. 2.9).

Nehmen wir jetzt einen Perspektivenwechsel vor: wie sieht es in Ihrem privaten und beruflichen Umfeld aus? Mit welchen Menschen haben Sie Kontakt und wie erleben Sie sich selbst in Bezug auf das „Nähe-Distanz-Modell"? In welchen Situationen wollten Sie überzeugen und haben dabei möglicherweise den Schutzraum Ihrer Gesprächspartner verletzt? Wie gehen Sie vor, wenn Sie in den Schutzraum anderer eindringen?

In wieweit ist Ihnen Ihre eigene Strategie bewusst? Wo liegt die Grenze zwischen engagiert, motiviert und aufdringlich? Wie könnten Signale Ihres Gegenübers aussehen, die Ihnen „Aufdringlichkeit" rückmelden? Welche Motive könnte Ihr Gesprächspartner haben? Aus welchen

Abb. 2.9 Distanzlosigkeit provoziert Abwehr! (Quelle: Barbara Kinzebach)

Gründen könnte er oder sie die augenblickliche Unterhaltung mit Ihnen führen? Welchen Nutzen könnten Sie ihm/ihr in Bezug auf eine aktuelle Fragestellung bieten? Nehmen Sie sich für die Beantwortung dieser Fragen ruhig ein paar Minuten Zeit und halten Sie Ihre Überlegungen handschriftlich fest.

1. Bei welchen Personen könnte ich in der Vergangenheit deren „inneren Schutzraum" verletzt haben?

   _____

   _____

2. Wie genau habe ich das meiner Meinung nach getan?

   _____

   _____

3. An welchen Signalen dieser Personen hätte ich erkennen können, dass ich den Schutzraum verletzt habe?

   _____

   _____

4. Welche Motive könnten die Personen gehabt haben, mit mir kommunizieren?

   _____

   _____

2.3 Die Verbindung zur Natur

Überprüfen Sie einmal für sich, inwieweit Sie sich selbst „mit der Natur" verbunden fühlen.

- Welche Gefühle kommen in Ihnen auf, wenn Sie einen Hund oder eine Katze sehen?
- Was empfinden Sie bei einem Sonnenuntergang oder beim Betrachten eines Regenbogens?

- Wie fühlt sich die Kraft eines hochgewachsenen Baums für Sie an (vgl. Abb. 2.10)?
- Wie reagieren Sie auf all die Dinge, die nicht von Menschen erfunden oder hergestellt wurden?
- Was bedeutet es für Sie, am Meer oder in den Bergen Urlaub zu machen?
- Inwieweit fühlen Sie sich als Mensch getrennt von der Natur im Sinne von *„das eine nennt sich Zivilisation"*, *„das andere nennt sich Natur"*? Ist Natur natürlich und Zivilisation unnatürlich?

Abb. 2.10 Vertiefen Sie Ihre Verbindung zur Natur. (Quelle: Barbara Kinzebach)

Neuere Forschungen aus der Quantenphysik liefern hier Erklärungsansätze, nach denen das Ursprungsmaterial aller Dinge auf den gleichen Wesenskern zurückzuführen und „getrennt sein" vermutlich nur eine Illusion ist.

Wir sind niemals „getrennt" von etwas oder jemandem, sondern dauerhaft mit allem verbunden. Teil eines großen Ganzen. Die Quantenphysik verwendet hier den Begriff des Bewusstseins als schöpferische Form, die letztlich durch Gedankenkraft Materie erzeugt (bis hin zu unserem eigenen physischen Körper).

In diesem Teil der Betrachtung gibt es weder Grenzen noch Einschränkungen.

Es ist unser natürlicher Zustand mit allem und zu jeder Zeit verbunden zu sein.

Stellen Sie sich nur für einen Moment vor, wie es sich anfühlen würde, mit allem verbunden zu sein, grenzenlos, „formlos" und absichtslos. Wie groß wäre da „plötzlich" Ihr Gestaltungsspielraum für Ihr Leben (und als „Nebeneffekt") für das Leben Ihrer Umgebung?

Vor einigen Jahren war die Welt in unserer Wahrnehmung noch eine Scheibe …

Vermutlich nehmen wir uns manchmal selbst zu wichtig und verlieren dadurch zuweilen die Verbindung zum „Rest der Welt".

Vielleicht streben wir alle nach dem Gleichen und versuchen nur, es auf unterschiedlichen Wegen zu erreichen.

Aktuelle Forschungsergebnisse verweisen darauf, dass die „Systeme" in der Welt auf Kooperation ausgelegt sind. Wenn wir sowieso Teil eines Großen und Ganzen sind, dann wäre Kooperation unsere originäre Bestimmung.

2.4 Die Verbindung zu den „Dingen"

Lassen Sie uns sehen, inwieweit sich die Aussagen aus dem vorangegangenen Kapitel auf die Verbindung zu Dingen, Unternehmen, Produkten oder Inhalten übertragen lassen.

Manche Menschen sind in der Lage, sich so stark mit einer Idee zu identifizieren, dass diese Idee Teil von ihnen wird oder sie Teil von der Idee werden. Aus Gedankenkraft entstehen geistige und emotionale Kunstwerke, die ihren kreativen Schöpfer nicht mehr loslassen.

Wir kennen diese Ausnahmeerscheinungen in den Bereichen der Kunst (Musik, Malerei, Literatur, Theater) aber auch in anderen schöpferischen Berufen (Marketing, Design, Architektur). Wenn wir genauer hinsehen, dann können wir diese „Momente der Leidenschaft" in allen Bereichen des Lebens erkennen. Unser Leben ist angefüllt mit Menschen, die ihre Motivation und Leidenschaft für Produkte, Unternehmen, Inhalte und Strategien aus einer eigenen Quelle der Energie zu speisen scheinen.

An dieser Stelle kommt wieder die Verbindung mit dem Erlebnis des „Flow" zum Tragen. Nehmen Sie sich gerade ein paar Minuten Zeit und denken Sie über Ihre Bestimmung nach, die hinter den folgenden Fragen verborgen liegt:

Wozu glaube ich, dass ich auf dieser Welt bin? Was ist mein Talent, das ich in die Welt hineinbringen sollte oder möchte?

Sie werden feststellen, dass Sie sich umso lebendiger fühlen, je näher Sie (gedanklich und real) Ihrer eigenen Bestimmung sind.

Aus diesem Grunde kann es sinnvoll sein, die gegenwärtige Lebensweise zu überprüfen und von Zeit zu Zeit mit der eigenen inneren Bestimmung abzugleichen.

Die Liebe zu einem Inhalt, die Beziehung zu einem Unternehmen, die Präferenz für ein Produkt gegenüber anderen gibt Auskunft über die Stärke der Verbindung aus der inneren (Bestimmung) und der äußeren Welt.

Driften diese beiden Teile mehr und mehr auseinander, so stellt sich Unzufriedenheit oder – auf längere Sicht – gar Krankheit ein. Empfinden wir innen und außen im Einklang dann leben wir ein erfülltes Leben „gemäß unserer Natur".

In diesem Zusammenhang können Sie sich jetzt die Frage stellen: *„Welche äußeren Faktoren in meinem Leben ergänzen meine innere Bestimmung"?* Je mehr äußere Faktoren Sie finden können, umso reicher empfinden Sie Ihr Leben, da „außen" und „innen" sich mehr und mehr verzahnen. In diesem Fall haben Sie das Gefühl, auf dem richtigen Weg zu sein.

Ihre innere Bestimmung haben Sie ja bereits in Abschn. 2.1.1 definiert.

Geben Sie sich nun ein wenig Zeit, die äußeren Faktoren zu ermitteln (an ihrem Arbeitsplatz, in ihrem Unternehmen, anhand bestimmter Produkte, die Sie verwenden (wollen), bezüglich bestimmter Inhalte, mit denen Sie sich identifizieren), die Ihre innere Mission unterstützen und mit Leben füllen können. Halten Sie Ihre Überlegungen jetzt schriftlich fest.

2.4 Die Verbindung zu den „Dingen"

- Meine innere Mission lautet:

  _____
  _____

- Durch folgende äußere Faktoren in meinem Leben wird meine innere Bestimmung unterstützt:

  _____
  _____

3

Element 2: Orientate – Die Richtung bestimmen

In diesem Kapitel befassen wir uns mit der eigenen inneren Balance und versuchen Antworten zu geben auf Fragen wie:

- Wo möchte ich mit meinem Leben hin? Wovon möchte ich mehr? Wovon habe ich „genug" (im doppelten Wortsinn)?
- Wovon habe ich zu viel? Was ist noch „zeitgemäß"? Welche Bedürfnisse haben sich verändert?
- Wo möchte ich in welchen Lebensbereichen wann „angekommen" sein und warum?

Beispiel

Stellen Sie sich Ihr ganz privates „Balancemodell" vor wie das eines Artisten im Zirkus in Abb. 3.1. Kennen Sie die Darbietung mit den Porzellantellern, die auf zwei Meter langen Stangen permanent rotieren müssen, damit sie nicht herunterfallen und zerbrechen?

Abb. 3.1 Finden Sie Ihre eigene Balance. (Quelle: Barbara Kinzebach)

> Manchmal bedient der Artist sieben oder acht Drehteller gleichzeitig und achtet hierbei genau auf den richtigen Schwung. Ein gutes Bild für den Umgang mit unseren unterschiedlichen Lebensbereichen.
>
> Hierzu ist es ratsam zu wissen, was Ihnen wirklich wichtig ist im Leben. Wenn Sie nämlich an zu vielen Tellern ständig zugleich drehen müssen, geht Ihnen irgendwann die Kraft aus oder Sie verlieren den Überblick.
>
> Gleichzeitig werden Sie merken, dass manche „Teller" Ihnen mehr Kraft und Motivation geben als andere. Vielleicht könnte es sogar sinnvoll sein, die kraftlosen Teller gar nicht mehr zu bedienen, um sich mit umso mehr Elan auf die zentralen Bereiche zu konzentrieren.
>
> Überprüfen Sie jetzt anhand dieses Bildes Ihre persönliche Gegenwart: Welche Teller bilden den Kern Ihres jetzigen

3 Element 2: Orientate – Die Richtung bestimmen

> Lebens? Blicken Sie gleichzeitig in die Zukunft im Sinne einer übergreifenden Zielsetzung (Wovon möchten Sie mehr und was möchten Sie reduzieren? Was sollte konstant bleiben?).

Es geht also um zwei Faktoren: einerseits um Ihren augenblicklichen Standort, andererseits um eine Art Sollzustand, der Sie antreibt, in bestimmte Richtungen zu gehen und Ihnen Klarheit über die Wege verschaffen soll, die Sie im Moment eher nicht gehen wollen.

Im Folgenden finden Sie eine vereinfachte schematische Darstellung der Lebensbereiche eines Menschen, aus der Sie Ihre individuellen Handlungsstrategien ableiten können, den Orientierungskreis in Abb. 3.2.

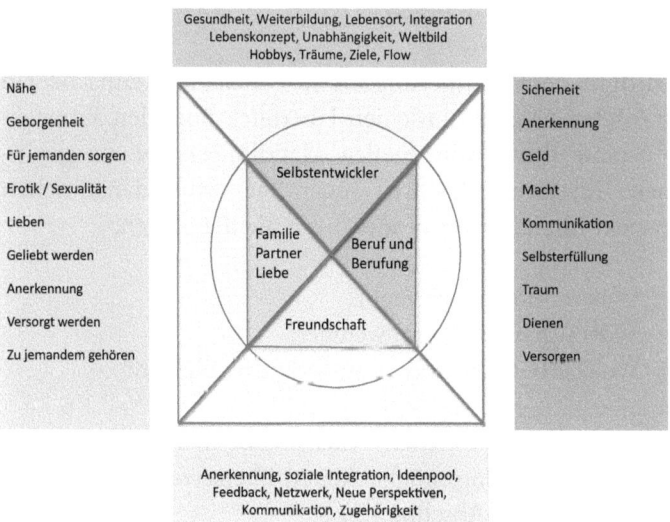

Abb. 3.2 Der Orientierungskreis hilft Ihnen bei Ihrer aktiven Lebensgestaltung

3.1 Der Orientierungskreis

Der Orientierungskreis (vgl. Abb. 3.2) ist ein beispielhaftes Balancemodell für Selbstmanagement und individuelle Lebensgestaltung. Er umfasst die folgenden Bereiche:

1. Ihr **„Ich"**, den „Selbstentwickler", Kern Ihres eigenen Werte-, Denk- und Handlungssystems, Ihre Spiritualität, Träume, Gesundheit
2. Ihren **Beruf** oder die Berufung als Ausdruck Ihres „produktiven Seins"
3. Ihre Netzwerke und **Freundschaften** als stabilisierendes Umfeld von außen
4. Ihre **Familie, Partnerschaft und Liebe** als stabilisierendes Umfeld von innen

Mithilfe des Orientierungskreises erstellen Sie zunächst ein statisches Modell, um einen Überblick über den aktuellen Zustand Ihrer individuellen Handlungsfelder zu gewinnen. Im zweiten Schritt fügen Sie einen dynamischen Aspekt hinzu. Dafür beantworten Sie die Fragen:

- Wovon möchte ich mehr?
- Wovon hätte ich gern weniger?
- Welche Bereiche sollten unverändert bleiben?

Wie Sie die gewonnenen Erkenntnisse in Handlungsenergie und Handlungsmöglichkeiten übersetzen, erfahren Sie anschließend in Abschn. 3.2.

Nachfolgend finden Sie einige Erläuterungen in Bezug auf die abgebildeten Lebensbereiche zum besseren

Verständnis, sodass Sie in einem nächsten Schritt Ihre persönlichen Lebensbereiche in den Orientierungskreis eintragen können und sich einen Überblick sowohl zum augenblicklichen Ist-Zustand als auch zum angestrebten Optimalzustand Ihres Lebens verschaffen.

3.1.1 Ich, der Selbstentwickler

Dieses Segment bestimmt durch seine Eigenheiten maßgeblich die Kraft, mit der, und auch die Richtung, in die wir unser Leben (weiter-) entwickeln wollen. An dieser Stelle entdecken wir unser persönliches Lebenskonzept und beantworten dadurch auch die Frage „*Wer bin ich*"?

Typische Fragestellungen im „Ich"-Bereich sind zum Beispiel:

- Was genau ist mein persönliches Lebensziel?
- Wie lautet meine „Mission" in dieser Welt?
- Welche Träume im Hinblick auf die nahe oder ferne Zukunft habe ich (Vision)?
- Wo möchte ich leben?
- Wie sieht mein persönliches Weltbild aus? Ist die Welt eher „gut" oder eher „schlecht"?
- Wie empfinde ich meine Einbettung in die Welt und in die Gesellschaft: eher „integriert" oder „isoliert"?
- Wie fühlt sich mein Leben an? Eher abhängig oder eher unabhängig (selbstständig)?
- In welchen Bereichen möchte ich mich weiterentwickeln?

- Was tue ich für meine geistige, seelische und körperliche Gesundheit?
- Unter welchen Bedingungen bin ich im „Flow"?
- Welche Tätigkeiten, Vorlieben, Hobbys „gehören zu mir" und erfüllen keinen nach außen gerichteten Zweck, sondern sind nur für mich?
- Wer wäre ich ohne meine Rollen im Leben?
- Was würde ich mit meinem Leben anfangen, wenn ich persönlich, moralisch und finanziell vollkommen frei und unabhängig wäre?

Durch diese Fragen kommen Sie Ihrer eigenen Lebensspur (wieder) näher und können somit auf die anderen Lebensbereiche gezielt Einfluss nehmen.

Tragen Sie nun in Ihren persönlichen Orientierungskreis zum Thema „Ich, der Selbstentwickler" Ihre dynamischen Felder ein, indem Sie zunächst hinter die einzelnen Begriffe Pfeile setzen und zwar

↑ für „davon möchte ich mehr" oder „das sollte sich besser anfühlen"
↓ für „davon hätte ich gern weniger" und
– für „dieser Bereich soll so bleiben, wie er ist".

Gesundheit	Lebenskonzept	Hobbys
Weiterbildung	Unabhängigkeit	Träume
Lebensort	Weltbild	Flow
Integration	Isolation	Ich (ohne meine Rollen)
Abhängigkeit	Unabhängigkeit	

Durch diese dynamische Einordnung der Themen geben Sie die Richtungen vor, die Sie im Bereich „Selbstentwicklung" anstreben. Im zweiten Schritt füllen Sie die Richtungskomponente mit Handlungsenergie. Sie werden feststellen, dass auch dieser Bereich wesentlich davon bestimmt wird, wie Sie Ihre Lebensbereiche wahrnehmen oder bewerten. „Du wirst, was Du denkst" oder „Du fühlst, wie Du denkst" sind an dieser Stelle entscheidende Aspekte bezüglich der Selbstgestaltung der Handlungsenergie. Die Welt ist nicht so „wie sie ist", sondern wie Sie sie aufgrund Ihrer Erfahrungen und Prägungen in der Vergangenheit und Gegenwart wahrnehmen. Sie sehen sie wie durch einen Filter.

Kennen Sie den Effekt, dass ein und dieselbe Situation von unterschiedlichen Menschen vollkommen anders wahrgenommen und bewertet wird? Nicht die Situation selbst ist entscheidend für Ihre Handlungsenergie, sondern Ihre Bewertung dieser Situation! Was den einen aufregt, lässt den anderen völlig kalt. Was dem einen schmeckt, ist für den anderen ungenießbar.

Der eine denkt zum Thema Gesundheit: „Es ist ganz normal, dass man im Alter (wann immer „das Alter" auch beginnen mag) kleinere oder größere Krankheiten bekommt. Ein anderer denkt womöglich": „Auch im hohen Alter kann man sich bester geistiger, körperlicher und emotionaler Gesundheit erfreuen, weil „Gesundheit" der natürliche Zustand eines Organismus ist".

Sie sehen schon: auch hier gibt es kein „richtig" oder „falsch", jedoch ein „nützlich" und „schädlich".

Wann steht Ihnen mehr Handlungsenergie zur Verfügung? Wenn Sie sich (durch Ihren Filter) eingeengt fühlen oder wenn Sie das Gefühl haben, diese unangenehmen Situationen sind lediglich „Daten", mit denen Sie sich kreativ befassen können?

Das Geheimnis liegt in der bewussten und aktiven Einstellung Ihres Wahrnehmungsfilters. Das hat nichts mit positivem Denken zu tun und auch nichts mit Verdrängung. Es ist die Art und Weise, wie Sie über Situationen denken, die Ihnen widerfahren, und wie Sie vor allem auch über sich selbst denken und reden.

> **Achten Sie auf Ihre Gedanken.** Sie werden zu Worten und beeinflussen in großem Maße die Art, wie Sie fühlen, entscheiden und handeln.

3.1.2 Beruf und Berufung

Werfen Sie jetzt einen Blick hinter die Kulissen Ihres beruflichen Lebens und beleuchten Sie die möglichen Motivationsfaktoren. Welche emotionalen und kognitiven Anteile sind in Ihnen repräsentiert – unabhängig von der Art Ihres Berufs?

In welchem Licht sehen Sie Ihre augenblickliche oder zukünftige Tätigkeit? Sprechen Sie von „Broterwerb" oder/und „Berufung" im Sinne der Erfüllung eines Traums („Traumberuf")?

Sind Sicherheitsaspekte (z. B. regelmäßiges Einkommen) vorrangig oder eher Unabhängigkeit (freie Zeiteinteilung durch Selbstständigkeit)? Vielleicht stehen ja auch Kommunikationsaspekte im Vordergrund (soziales Netz mit Kollegen) oder auch das Ausüben von Macht und Kontrolle.

Möglicherweise ist für Sie der Gedanke des Dienens ein entscheidender beruflicher Motivator oder es geht Ihnen darum, den Menschen in Ihrem beruflichen Umfeld (Kollegen, Vorgesetzten, Mitarbeitern, Kunden) zu helfen, um auch sie erfolgreich zu machen. Üben Sie einen Beruf aus, um gebraucht zu werden? Oder weil Ihnen sonst zu Hause die Decke auf den Kopf fällt? Oder sind Sie berufstätig, weil das „normal" ist, also weil die Gesellschaft es erwartet?

Viele Menschen suchen im Beruf nach Anerkennung im Außen und erfahren darüber einen starken Motivationsschub für das, was sie tun.

Manche Mitmenschen möchten ihre Leistung messen (lassen) und sich mit anderen vergleichen. Sie möchten sich oder anderen beweisen, wozu sie fähig sind.

Manche üben ihren Beruf auch nur deshalb aus, weil sie glauben, nichts anderes zu können oder in einem anderen Beruf nicht gut genug zu sein.

Sie sehen schon: die berufliche Motivation kann sich aus zahlreichen Quellen speisen! Welches sind Ihre „Antreiber"?

Nachfolgend finden Sie eine dynamische Tabelle zum Thema „Beruf und Berufung".

Sie zeigt beispielhaft einige Kriterien prozentual gewichtet. So können Sie in Ihrem persönlichen Orientierungskreis eine tendenzielle Aussage über die jeweilige Relevanz erhalten.

Ein individuelles Profil für „Beruf und Berufung" könnte etwa folgendermaßen aussehen:

3 Element 2: Orientate – Die Richtung bestimmen

Motivationsfaktoren	Relevanz aktuell (Skala 0–10)	Relevanz angestrebt (Skala 0–10)
Sicherheit	7	7
Anerkennung	8	6
Geld	5	4
Macht	4	2
Kommunikation	3	8
Selbstverwirklichung	2	10
Dienen	1	5

Auf der Skala von 0 bis 10 bedeutet „0" nicht wichtig und „10" sehr wichtig. So sehen Sie auf einen Blick, wovon Sie mehr oder weniger möchten, bzw. was in der Zukunft für Sie gleich bleiben soll.

Skizzieren Sie jetzt Ihr persönliches Orientierungssegment „Beruf und Berufung":

Tragen Sie in die linke Spalte Ihre aktuelle Gewichtung Ihrer Motivationsfaktoren zum Thema „Beruf und Berufung" ein und rechts daneben den gewünschten Sollzustand in der Zukunft:

Motivationsfaktoren	Relevanz aktuell (Skala 0–10)	Relevanz angestrebt (Skala 0–10)
Sicherheit		
Anerkennung		
Geld		
Macht		
Kommunikation		
Selbstverwirklichung		
Dienen		

3.1.3 Freundschaften

In Zeiten von Freundschaftsplattformen oder sozialen Online-Netzwerken erhält der Begriff „Freund" eine inflationäre Komponente. Wer kann schon 2193 „Freunde" managen? Stellen Sie sich vor, wie viele Zirkusteller Sie gleichzeitig drehen müssten um all diesen Freundschaften gerecht zu werden. Auf der anderen Seite können wir in diesem Falle auch von „Networking" sprechen, einem Begriff, der die Grenze zwischen Geschäfts- und Privatkontakten fließend gestaltet.

Auch im Bereich Freundschaften lassen sich Motivationskriterien extrahieren um zu verdeutlichen warum Sie bereit sind, Zeit für und Konzentration auf diese Netzwerke zu investieren. Für viele ist es das Gefühl, in einer Gemeinschaft (virtuell oder/und real) eingebunden zu sein, als Teil eines größeren Ganzen. Sie suchen oftmals Anerkennung, Anteilnahme, Integration und Nähe.

Andere gehen einfach einem menschlichen Grundbedürfnis nach: Kommunikation als überlebenswichtiges Element innerhalb von Gesellschaften oder Gruppen. Vielleicht möchten Sie am Leben der anderen einfach nur teilhaben oder sind auf Neuigkeiten aus. Oder es ist einfach nur „chic", Leute aus aller Welt zu „kennen".

Möglicherweise sind Sie auch daran interessiert, neue Ideen zu erhalten, andere Perspektiven zu erfahren, Neues und Unbekanntes in Ihre Welt hereinzulassen, um so zu wachsen. Manchmal versuchen wir, Gemeinsamkeiten zu entdecken, um festzustellen, dass wir vielleicht doch nicht allein auf der Welt sind.

Die aktuelle Forschung belegt, dass wir einen eingebauten inneren Kern haben, der auf Sozialisation und Kooperation ausgelegt ist. In der Freundschaft oder Kooperation können wir uns selbst erkennen, reflektieren und uns weiterentwickeln. So gesehen kann Freundschaft gleichzeitig auch als Feedback verstanden werden.

Zuweilen brauchen wir einfach nur eine Zuhörerschaft als „Kummerkasten", um unsere Sorgen und Nöte auszusprechen.

Auch bei diesen Aspekten gibt es kein „richtig oder falsch", sondern nur Antworten auf die Frage: „Was ist meine Motivation, Freundschaften zu pflegen"? Je detaillierter ich meine Motivationsfaktoren kenne, umso kraftvoller und wohltuender können sich meine Freundschaften entwickeln. Damit Sie sich auch im Aspekt „Freundschaft" besser kennenlernen, haben Sie jetzt die Möglichkeit, Ihr persönliches Segment für „Freundschaft" zu erstellen:

Motivationsfaktoren	Relevanz aktuell	Relevanz angestrebt
	(Skala 0–10)	(Skala 0–10)
Einbindung in eine Gemeinschaft		
Anerkennung		
Kommunikation		
Neue Perspektiven		
Ideenpool		
Netzwerk (privat/beruflich)		
Feedback erhalten		
Gemeinsamkeiten entdecken		
Kummerkasten		
Nähe		

3.1.4 Familie, Partnerschaft und Liebe

Kaum ein anderer Lebensbereich scheint uns Menschen so wichtig zu sein wie das Segment „Familie und Partnerschaft". Die Zeitungen und das Internet sind voll von Beziehungsagenturen jeder Couleur, das „Geschäft mit der Liebe" blüht in allen Farben. Welche Träume oder Lebenskonzepte legen wir hinein in das Konstrukt Liebe, Familie, Zweisamkeit? Was motiviert uns dazu, mit einem Menschen eine Bindung einzugehen, ja, sogar Menschen zu suchen, mit denen wir (vielleicht) eine Bindung eingehen wollen? Woher kommt diese Bereitschaft, Zeit und Geld aufzuwenden, um auf „Menschensuche" zu gehen?

Auch an dieser Stelle ist es sinnvoll, sich auf „persönliche Motivsuche" zu begeben. Die einen treibt die Angst vor dem Alleinsein oder auch das Gefühl, für jemanden sorgen zu wollen. Andere suchen die Nähe zu einem geliebten Menschen aufgrund der Geborgenheit, die sie damit assoziieren.

Hier im Segment Familie und Partnerschaft zeigt sich die Nähe in ihrer markantesten Form. Körperliche, geistige und emotionale Vertrautheit zwischen Menschen lässt verschiedene Arten von Liebe als wohl stärkste Ausprägung der Anerkennung besonders deutlich hervortreten.

Gerade die Liebe stellt uns einen oftmals unerschöpflichen Vorrat an inneren Energien zur Verfügung in Verbindung mit einem liebevollen Verhaltensrepertoire. Auch an dieser Stelle kann es sinnvoll sein, zu fragen, wie dieser innere Antrieb entsteht, für die Liebe zu kämpfen oder an der Partnerschaft „zu arbeiten".

Eine stabile Partnerschaft oder Familie gibt Halt im Leben und wirkt nachweislich lebensverlängernd! Lassen Sie uns an dieser Stelle ebenfalls nach den motivierenden Antreibern suchen, die für diese Stabilität zuträglich sein können. Der exemplarische „Liebeskreis" zeigt mögliche Motivationsfaktoren für den Zusammenhalt.

Mein persönliche Skala zum Thema „Familie, Partnerschaft und Liebe":

Motivationsfaktoren	Relevanz aktuell	Relevanz angestrebt
	(Skala 0–10)	(Skala 0–10)
Vertrautheit		
Nähe		
Geborgenheit		
Für jemanden sorgen		
Erotik/Sexualität		
Lieben dürfen		
Geliebt werden		
Anerkennung		
Versorgt werden		
Glück teilen		
Gemeinsam stark sein		
Nicht allein sein		

3.2 Ins Handeln kommen: Ihr persönliches Zielsystem

Nachdem Sie sich mit den Orientierungssegmenten „Ich", „Beruf", „Freundschaften" und „Liebe" einen Überblick über den persönlichen Status quo in Verbindung mit Ihren Veränderungswünschen verschafft haben, übersetzen Sie diese Richtungsbeschreibungen jetzt in Handlungsenergie. Hierbei gilt es, zwei Ebenen zu unterscheiden: die strategische und die taktische Ebene.

3.2.1 Die strategische Ebene

Auf strategischer Ebene definieren Sie neue Verhaltensweisen, die Sie Ihrem zuvor definierten Veränderungsziel näher bringen.

Nehmen wir folgendes Beispiel: Sie wollen am Arbeitsplatz mehr Anerkennung erhalten. Um diesen „Wunsch" in Handlungsenergie umzusetzen, stellen Sie sich die Frage: „Was kann **ich** tun, um am Arbeitsplatz mehr Anerkennung zu erhalten?"

Wie eingangs erläutert, verwendet **CORE** das Prinzip der Eigenverantwortlichkeit (vgl. Abschn. 1.2 und 1.3). Sie fragen sich also zunächst, was **Sie selbst** dazu beitragen können, eine Situation zu verändern.

An dieser Stelle kann auch die folgende Frage sinnvoll sein: *„Woran genau werde ich merken, ob ich mehr Anerkennung an meinem Arbeitsplatz erhalte?"* Sie benötigen Kontrollparameter, die Ihnen Auskunft darüber geben, ob Sie das von Ihnen definierte Ziel (in einer für Sie zufriedenstellenden Form) erreicht haben. Hierfür legen Sie Unterziele fest.

Beispielsweise möchten Sie von Kollegen, Mitarbeitern oder Ihrem Chef den Satz hören: *„Das haben Sie gut gemacht"*. Dieses Unterziel führt sofort zur nächsten Frage:

Was genau können Sie tun, damit ein Kollege, Mitarbeiter oder Ihr Chef zu Ihnen sagt: *„Das haben Sie gut gemacht"*?

Unser „Mitarbeiter" in Abb. 3.3 visualisiert bereits das gute Gefühl eines positiven Feedbacks.

Abb. 3.3 Anerkennung tut gut! (Quelle: Barbara Kinzebach)

3.2 Ins Handeln kommen: Ihr persönliches Zielsystem

An dieser Stelle können Sie das Inselmodell aus Abschn. 2.2.1 zurate ziehen, sich mit einem Perspektivenwechsel in Ihre Zielgruppe hineinversetzen um herauszubekommen, was im Detail Ihrem Chef oder den Kollegen in Bezug auf Ihre Arbeit besonders wichtig erscheint.

Versuchen Sie zunächst wie in einem Kurzinterview den Bedarf der „anderen Seite" zu ermitteln: „Herr Maier, in Bezug auf Projekt B, was ist Ihnen da besonders wichtig? Worauf genau kommt es Ihnen an? Welche Punkte sind für Sie von großem Interesse?"

Die Antworten werden Ihnen zeigen, was zu tun ist. Wenn Sie jetzt im Sinne der Antworten handeln ist die Wahrscheinlichkeit hoch dass Sie die gewünschte Anerkennung erhalten. Mit solchen Vertiefungsfragen erhalten Sie mehr Detailwissen und zuweilen auch Motivationsaspekte Ihrer Kollegen, Mitarbeiter und Vorgesetzten, die Ihnen eine Antwort darauf geben, warum genau diese oder jene Punkte wichtig sind. Sie signalisieren Kompetenz durch gezieltes Nachfragen und führen (ganz nebenbei) auch noch (durch) das Gespräch. *„Wer fragt, führt"* hat Sokrates gesagt.

Schauen Sie jetzt auf Ihr Orientierungssegment „Beruf und Berufung" und beginnen Sie mit einigen Verhaltenszielen, die Sie zuvor identifiziert haben. Entwickeln Sie Ihre individuellen Strategien für die Zukunft.

Verhaltensziel 1
Ich werde folgendes tun, um mein Verhaltensziel 1 zu erreichen:

Verhaltensziel 2
Ich werde folgendes tun, um mein Verhaltensziel 2 zu erreichen:

Verhaltensziel 3
Ich werde folgendes tun, um mein Verhaltensziel 3 zu erreichen:

3.2.2 Die taktische Ebene

Das Verhalten auf der taktischen Ebene bezieht sich auf eine aktuell stattfindende Gesprächssituation, sei es am Telefon oder „von Angesicht zu Angesicht". Rufen Sie sich beispielhaft eine entsprechende Situation ins Gedächtnis.

Spüren Sie den momentanen Zustand, in dem Sie sich und Ihr Gesprächspartner befinden?

Wie fühlen Sie sich in dieser Situation? Angespannt? Nervös? Hektisch? Unkonzentriert? Unter Druck?

Was täte Ihnen und Ihrem Gesprächspartner jetzt gut? Was könnten Sie jetzt sofort in dieser Sekunde unternehmen, damit das Gespräch entspannter, konzentrierter, freundlicher und kreativer wird?

Listen Sie an dieser Stelle einige Beispiele auf, mithilfe derer Sie durch Ihr Verhalten aktiv zu einer entspannten Gesprächsatmosphäre beitragen könnten:

1. --
   ----
2. --
   ----
3. --
   ----
4. --

3.2.3 Selbstverantwortung: Die Kontrolle Ihrer inneren Gefühlswelt

Aktives Handeln in Richtung der von Ihnen gewünschten Ergebnisse funktioniert am besten wenn Sie Ihren gewünschten Sollzustand möglichst genau kennen, doch zusätzlich benötigen Sie noch ein weiteres Element, das die Wahrscheinlichkeit erhöht, dass Sie Ihre Ziele auch erreichen: es geht um die Kontrolle Ihrer inneren Gefühlswelt, die ja „im Außen" sichtbar und erlebbar wird.

„*Wie bitte?*" mögen Sie jetzt vielleicht denken. „*Wie soll ich denn meine innere Gefühlswelt kontrollieren können? Die Gefühle kommen doch einfach so! Das kann ich doch gar nicht beeinflussen.*" Sollte dies Ihre erste Reaktion auf das Thema sein, so verfolgen Sie (bewusst oder unbewusst) die „Opfertheorie": Sie glauben, dass Sie Ihrer Umwelt im Wesentlichen ausgeliefert sind und dass Sie lediglich auf die äußeren Reize reagieren können. Das würde sich dann „umgangssprachlich" etwa so anhören:

- „*Also, wenn mein Chef es auch nur **einmal** probieren würde, mir wirklich zuzuhören und dabei auch noch nett, charmant und nicht immer so herablassend wäre, dann könnte ich viel besser und vor allem mit mehr Freude zur Arbeit gehen.*" Oder:
- „*Dieser blöde X, jetzt wohnt der schon seit drei Monaten hier im Haus und hat´s immer noch nicht geschafft, mich zu grüßen. Das kann doch wohl nicht wahr sein!*" Oder:
- „*Das Leben wäre wirklich leichter für mich, wenn du nicht alles jedes Mal vorher durchdiskutieren müsstest.* *Sag doch einfach mal: „ja, Schatz, genau so machen wir das".*

Derartige Beispiele können Sie bestimmt haufenweise aus dem Hut ziehen.

Was aber ist die Konsequenz, wenn Sie die Opfertheorie leben? Sie würden der Umwelt die Kontrolle über Ihre Gefühle geben, wären dazu verdammt, die Opferrolle zu

3.2 Ins Handeln kommen: Ihr persönliches Zielsystem

spielen und sich dabei noch schlecht und ausgeliefert zu fühlen.

Haben Sie schon einmal versucht, andere Menschen zu verändern? Vermutlich hat es nicht gut funktioniert. Menschen möchten einfach nicht von außen verändert werden.

Wenn Sie also wollen, dass die „Dinge" sich ändern, dann sind **Sie** es, die durch Ihr (verändertes) Handeln einen Unterschied erzeugen. Und verändertes Handeln bedeutet zunächst, verändertes Denken.

Wenn überhaupt, verändern sich Menschen von innen heraus, weil **sie** eine Notwendigkeit dazu erkannt haben. Deshalb ist es gerade an dieser Stelle so essenziell und vorteilhaft, Feedback von außen einzuholen.

Bekommen Sie zum Beispiel (gefragt oder ungefragt) Rückmeldungen von verschiedensten Personen, dass Ihre Sensibilität, auf die Bedürfnisse anderer zu achten und sie wahrzunehmen in letzter Zeit extrem eingeschränkt oder gar nicht mehr vorhanden ist, so könnte Ihre Abwehrreaktion darauf natürlich lauten *„die spinnen alle"*.

Eine Abwehrreaktion oder Zurückweisung gegenüber Kritik entsteht durch die wahrgenommene Differenz aus Ist- und Sollzustand. Etwas in uns oder von außen „meint", dass der aktuelle Zustand, in dem wir uns gerade befinden, nicht „gut genug" ist und deshalb in einen Sollzustand transformiert werden müsste.

Diese wahrgenommene Differenz macht uns das Leben oftmals so schwer. Stellen Sie sich vor, Sie könnten Ihr Denken in den unterschiedlichsten Bereichen nach und nach in die Richtung lenken *„alles ist gut, genauso wie es gerade ist"*, also selbst die „unangenehmen" Aspekte im Leben.

Und an dieser Stelle geht es nicht um „Schönreden", sondern um die Entwicklung eines tiefen Gefühls, dass alles in Ordnung ist. „Es ist, wie es ist", sagen wir manchmal.

In diesen Momenten „muss" nichts getan werden, außer dieses vermeintliche (Ungleich-)Gewicht in unserem Kopf oder Herzen loslassen zu können.

Dieser innere Leitsatz *„alles ist gut"* wäre noch um ein Vielfaches stärker als der obligatorische Schlusssatz der Fernsehmoderatorin Nina Ruge, die sich traditionell verabschiedete mit *„alles **wird** gut".*

Abb. 3.4 veranschaulicht noch einmal die Trennung zwischen faktischer Situation und innerer Gefühlswelt.

Wenn Sie aufgrund eines Feedbacks in sich hineinhören können, formulieren Sie vielleicht folgenden Gedanken: *„Hm, da könnte möglicherweise was dran sein. Lass mal schauen, warum das gerade seit einiger Zeit so zu sein scheint".* Erst dieser Gedanke „nach innen" erzeugt die Voraussetzung für eine etwaige Verhaltensänderung auf dem Gebiet „Sensibilität gegenüber meinen Mitmenschen."

Hier sehen Sie deutlich den Unterschied zwischen einer gedanklichen Ausrichtung in die Zukunft (in der Hoffnung, dass die Dinge schon irgendwann in Ordnung kommen) und einem intensiven Gegenwartsbezug *("alles **ist** gut"),* der unterstellt, dass gar nichts mehr getan werden muss, um glücklich zu sein.

Wenn Sie sich die meiste Zeit im Zustand *„alles ist gut"* befänden, hätte das Streben nach „mehr", „höher", „schneller", „weiter" und „größer" eine geringere Bedeutung. Hätten wir dann überhaupt noch einen inneren

3.2 Ins Handeln kommen: Ihr persönliches Zielsystem

Abb. 3.4 Alles ist gut, so, wie es ist. Lassen Sie los. (Quelle: Barbara Kinzebach)

Antrieb, um die Dinge „voranzubringen"? Ich denke, ja! Genau diese innere Ruhe, Stille und Konzentration hat auf unsere Umsetzungsenergie großen Einfluss. *„In der Ruhe liegt die Kraft"* heißt es doch so schön …

Vielleicht kennen Sie einige Beispiele aus Ihrem eigenen Leben: *„Wenn ich X oder Y erst mal erreicht oder geschafft habe oder besitze, dann geht´s mir/uns gut."*

Und möglicherweise haben Sie in der Vergangenheit einige dieser Punkte erreicht und dann festgestellt, dass das ersehnte, lang anhaltende Glück von wesentlich kürzerer Dauer war, als Sie es vorher erträumt hatten. Dieser Effekt hat sogar einen Vorteil für uns Menschen: Der eingebaute Mechanismus des „kurzen Glücks" ermöglicht uns permanente Weiterentwicklung!

Damit sind wir (wieder) bei der „Kunst des Augenblicks" angelangt, also der inneren Präsenz, einer gegenwärtigen intensiven Aufmerksamkeit, die alle Sinne auf das „Hier und Jetzt" richtet. Wodurch gelangen Sie in den „*alles ist gut*"-Zustand? Wie würde sich Ihr Leben anfühlen, wenn Sie sich Tag und Nacht in diesem Zustand befänden?

Ich spreche hier nicht von einer naiven Ausblendung sogenannter Probleme, Schwierigkeiten oder erstrebenswerter Ziele, sondern lediglich von dem Gedanken, dass Konstellationen im Leben nun mal so sind wie sie sind. Wissen Sie, was passiert, wenn es draußen regnet? Dann regnet es und dem Wetter ist es ziemlich egal, ob Sie das nun schön finden oder nicht.

Das heißt, der Situation selbst, so dramatisch wir sie auch wahrnehmen mögen, ist es egal, wie wir sie bewerten. Ein Ereignis ist und bleibt einfach nur ein Ereignis. Als Quintessenz bedeutet dies, das Leben mit all seinen Wendungen, Höhen und Tiefen anzunehmen und den Augenblick – wie lange er auch dauern mag – zu akzeptieren.

Aber ACHTUNG: Damit will ich kein fatalistisches Gedankengut unterstützen im Sinne von „*Ist ja dann eh alles egal! Ich kann dann sowieso nichts mehr tun und ergebe mich meinem Schicksal*".

3.2 Ins Handeln kommen: Ihr persönliches Zielsystem

Im Gegenteil: Im Zustand der Gelassenheit ist Ihr Handlungsradius größer, spielerischer und kreativer. Wenn Sie glauben, gegen etwas kämpfen zu müssen, geraten Sie unter Druck oder in Negativität, dann verkrampfen sich Ihre Sinne (und auch Ihr Körper) und Sie gehen in den an anderer Stelle schon erwähnten „Kampf- oder Fluchtmodus" (Abschn. 2.2) mit all seinen einschränkenden Begleiterscheinungen.

In der konzentrierten Entspannung hingegen sind Sie am leistungsfähigsten für die Lösung von Problemen oder das Hervorbringen von Ideen.

Doch wer denkt diese Gedanken *„etwas ist gut"* oder *„das ist schlecht"*? Wo genau spüren Sie diese Gedanken und wodurch werden sie ausgelöst? Wie entstehen bei Ihnen die Zustimmung oder die Ablehnung eines Gedankens, Menschen, Lebewesens, einer Idee, einer Vision, eines Traums? Wer innerhalb Ihres „Ich" kreiert den Mythos „Freund oder Feind"?

Die Beantwortung dieser und noch weiterer Fragen schauen wir uns im nächsten Kapitel an, in dem es darum geht, in sich hineinzuspüren, um die oftmals verborgenen Bewertungskonzeptionen zu erkennen und sie auf ihre Aktualität hin zu überprüfen.

4

Element 3: Reflect – Das eigene Denken verändern

> Die Gedanken, die Sie sich über sich selbst, Ihre Umwelt, andere Menschen und Dinge machen, geben die grobe Richtung vor, in die sich Ihr Leben mit großer Wahrscheinlichkeit entwickelt oder entwickeln möchte.

Die erdachten zukünftigen Realitäten während Ihrer „Traumphase" im Alter von etwa 7 bis 12 Jahren sind immer noch vorhanden. Sie werden entweder unterdrückt oder zu kleineren oder größeren Teilen bereits gelebt.

Ihr damaliges Denken und Wünschen hat Sie dorthin gebracht, wo Sie heute stehen. Das mögen Sie nicht so ganz glauben? Sie wollten eigentlich ganz woanders hin und stehen jetzt aber hier? Und das gefällt Ihnen nicht besonders? Und hätten Sie damals mehr Glück gehabt (Vorsicht, Opferrolle!), dann wäre jetzt alles ganz anders?

Wir sprechen so oft von Glück oder Fügung und verwenden Sätze wie „*der hat's echt gut erwischt*" oder „*manche Menschen sind einfach mit Glück gesegnet*", dass es sich lohnt, einmal hinter diese Glücksformel zu schauen. Wie viel oder welche Anteile tragen wir selbst zu unserem Glück bei?

Hierzu hat ein Trainerkollege seine „Zugtheorie" entwickelt, indem er sagte: „*Das Leben ist für mich manchmal wie Züge, die am Bahnhof einfahren. Sie halten für einen Augenblick, die Türen sind für kurze Zeit geöffnet und Du kannst Dich entscheiden, einzusteigen oder weiter zu warten. Dieser eine Zug, in den Du nicht eingestiegen bist, kommt niemals wieder vorbei. Und letztlich weißt Du nie, welcher der ‚richtige' Zug gewesen wäre. Steigst Du in einen Zug ein, kannst Du nicht gleichzeitig in dem anderen mitfahren*". Abb. 4.1 veranschaulicht dieses Dilemma.

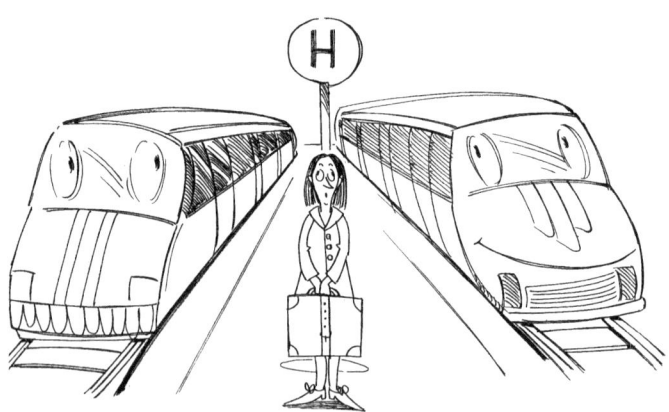

Abb. 4.1 Welcher? – Es kann nur einen geben … (Quelle: Barbara Kinzebach)

Diese Metapher ist ein klassisches Beispiel für echte Entscheidungen, also Entscheidungen unter Unsicherheit. Sie kennen vielleicht das grobe Ziel, können aber nie sicher wissen, was Ihnen während der Fahrt alles (nicht) passiert.

Bewertend gesprochen könnten Sie sagen: *„Mir widerfährt Gutes wie Schlechtes"*. Neutral ausgedrückt hieße es: *„Ich werde mit Ereignissen konfrontiert, auf die ich reagieren kann"*.

In Abschn. 2.1.2 bin ich kurz auf die Aspekte „fremdbestimmt" und „selbstbestimmt" eingegangen.

Im weiteren Verlauf des folgenden Kapitels werden wir uns mit den Begriffen „Innen und Außen" sowie „Realität" und „Bewerten" etwas intensiver auseinandersetzen und im Zusammenhang damit auf erweiterte oder eingeschränkte persönliche Freiheitsgrade eingehen.

4.1 Innen und außen

„Wer oder was bestimmt mein Leben"? So oder ähnlich könnte eine zentrale Frage lauten, die wir uns gleich ein wenig näher anschauen werden. Abb. 4.2 soll hierbei zwei tendenzielle Richtungen andeuten, mit denen Sie sich am besten persönlich auseinandersetzen. Hierbei können Sie Ihre augenblicklichen Lebensparameter innerhalb der Bandbreite „selbst bestimmt/kontrollierend" und „fremdbestimmt/kontrolliert" abbilden. In den selbst bestimmten Bereichen werden Sie eher das Gefühl haben „ich lebe", wohingegen Sie auf dem fremdbestimmten Teil der Skala tendenziell fühlen „ich werde gelebt".

Abb. 4.2 Probieren Sie Zweinigkeit. (Quelle: Barbara Kinzebach)

Schauen Sie sich einmal innerhalb Ihres Bekannten- und Freundeskreises um, so stellen Sie vermutlich fest, dass die grundlegenden äußeren Rahmenbedingungen (berufsbedingte und finanzielle Belastungen, persönliche Lebenssituationen, Rechte und Pflichten) oft relativ gut vergleichbar erscheinen. Wenn Sie jedoch die Einzelpersonen nach ihrer Wahrnehmung bezüglich ihres individuellen Lebenssystems betrachten, so erscheinen die Unterschiede in Bezug auf das Gefühl „ich lebe" oder „ich werde gelebt" durchaus bedeutend.

Wenn Sie also Menschen vergleichen, die unter ähnlichen Bedingungen leben, wenn also die äußeren Faktoren

(Bildungsgrad, Einkommen, Beruf, finanzielle und soziale Sicherheit, soziales Netzwerk) ähnlich sind, stellt sich die Frage, wie diese unterschiedlichen Wahrnehmungen in Bezug auf die eigene Lebenssituation entstehen.

Lassen Sie kurz folgende Frage auf sich wirken: Was macht Sie glücklich?

Betrachten Sie ruhig einmal die Komponenten im „außen" von denen Sie glauben, dass sie für Ihr Glück zuständig sind: das können die Liebe sein *(„Du machst mich so glücklich ... ")* oder der Beruf, Hobbys und Freundschaften.

Was passiert, wenn Sie Ihr Glück an andere(s) hängen und dieser oder dieses „andere" irgendwann nicht mehr da ist, da sein kann oder da sein will? Dann sind Sie „plötzlich" allein, fühlen sich abhängig und klassischerweise „im Stich" gelassen. Jede Form von Abhängigkeit führt in die Unfreiheit und weist letztlich dieselben Symptome auf wie bei einer Sucht. Lassen Sie uns an dieser Stelle ein alternatives Konzept betrachten, das sich von der Anhängigkeit wegbewegt in Richtung Freiheit und Selbstbestimmung.

Mal angenommen, Sie würden nach und nach Schritte unternehmen, sich von der Gunst anderer Menschen unabhängiger zu machen und ihr inneres Glücksgefühl auszubauen, mit Dingen, die Sie selbst beeinflussen können.

Jeden Tag aufs Neue. Vielleicht können Sie dann das Zusammensein mit bestimmten Menschen genießen – ohne sie als „Glücksmittel" zu (miss)brauchen.

Wie würde es sich anfühlen, Menschen nahe zu sein, ohne sie für Ihr Glück verantwortlich zu machen?

Im Licht von Freiheit und Selbstbestimmung funktionieren empathische Perspektivenwechsel „plötzlich" einfacher, weil Sie sich von der anderen Perspektive nicht abhängig und damit auch in keiner Weise bedroht fühlen. Aus dieser Sichtweise heraus können Sie den Gedanken denken (und aussprechen): *„Ich verstehe Deinen Standpunkt, aber ich teile ihn nicht"*.

„Verstanden" heißt nicht (zwangsläufig) „einverstanden".

In diesem Falle schauen wir – wie in Abb. 4.2 – bezüglich eines Aspektes in völlig unterschiedliche Richtungen, sind aber dennoch nach wie vor eng miteinander verbunden. Wir können uns das Konzept der divergierenden Realitäten auf den nächsten Seiten ein wenig genauer ansehen.

4.2 Realität und Wahrnehmung

„Also, ich denke, in diesem Fall kommen wir an den Realitäten einfach nicht vorbei: X hat uns wissentlich belogen und er weiß definitiv nicht, wie er aus der Sache wieder rauskommen soll. Fakt ist doch, dass wir ihm in Zukunft auf keinen Fall mehr trauen können. Die sind spätestens in 3 Monaten Pleite, das ist doch völlig offensichtlich. Er hat auf keinen Fall das Zeug dazu, diese Aufgabe zu meistern. Da geb´ ich Ihnen Brief und Siegel!" Kennen Sie solche oder ähnliche Aussagen?

Gewagte Aussagen vor dem (scheinbaren) Hintergrund der Objektivität. Lassen Sie uns an dieser Stelle ein wenig mit dem Begriff der Realität experimentieren. Es stellt sich die Frage, ob ausschließlich das, was wir mit unseren Sinnen wahrnehmen können für uns auch wahr ist.

4.2 Realität und Wahrnehmung

Wahr-Nehmung basiert auf den sensorischen Fähigkeiten des Menschen, die Welt zu erfassen. Das hieße im Umkehrschluss, dass dort, wo Menschen nichts sehen, hören oder spüren können, auch nichts sein kann. Wenn Sie also noch nie einen weißen Raben gesehen (oder davon gehört) haben, dann meldet Ihnen Ihre Wahr-Nehmung: „Es gibt keine weißen Raben". Wie sicher können Sie sein, dass es auf der Welt keinen einzigen weißen Raben gibt, nur, weil ihn noch nie jemand gesehen hat?

Kein Mensch ist ein unbeschriebenes Blatt. Das individuelle Wertesystem prägt die persönliche Identität und auch die Art und Weise, wie jeder Einzelne „die Dinge" wahrnimmt. Jeder Mensch geht durch diese Welt mit seinen ureigensten Weltbildern, Wertesystemen, Glaubenssätzen, Fähigkeiten und Verhaltensmustern, die die Realität für ihn filtern. Wahrnehmung ist also niemals die wirkliche, objektive Erfassung der Realität, sondern immer subjektiv gefärbt:

> „Die Welt ist so, wie Du sie siehst (oder sehen willst)".

Ein einfaches Beispiel: In meinen Seminaren stelle ich den Teilnehmern manchmal eine Frage und bitte sie, die Antwort auf einen Zettel zu schreiben: „Welche Farbe hat diese Wand vor Ihnen?" Jeder schreibt seine „Wahrheit" auf den Zettel. Danach lese ich die Zettel einzeln vor: gelb, ocker, beige, eierschalenfarben, beige/grau, braun/gelb, gedecktes weiß, usw.

Es ist noch **niemals** vorgekommen, dass auf allen Zetteln die gleiche Farbe stand. Und wenn ich nach dem

Vorlesen die Teilnehmer frage, welche Farbe die Wand denn nun habe, nennt jeder – natürlich – nochmals „seine" Farbe, seine Wahr-Nehmung.

Bestimmt kennen Sie folgende Situation: Sie gehen zusammen mit einem Freund oder einer Freundin Kleidung einkaufen und sagen *„ja, das Schwarz passt einfach besser dazu"* und Ihr Gegenüber antwortet mit *„Dunkelblau! Das ist Dunkelblau"!* Und dann folgt eine kürzere oder längere Diskussion darüber, welche Farbe es denn nun „wirklich" ist.

In solchen Momenten haben Sie eine der vielen Diskussionen über Wahrheiten „zweiter Ordnung" geführt, also solche, die sich aus der individuellen Betrachtung des Individuums ergeben, einfach, weil er oder sie eine andere Lerngeschichte oder Wirklichkeit hat als Sie selbst. Wirklichkeit kommt von „Wirkung".

Was ist nun richtig, was ist falsch? Wollen Sie Recht haben oder glücklich sein? Muss es an diesem oder so vielen anderen Punkten zwingend Einigkeit zwischen Ihnen geben oder können Sie auch mit Zweinigkeit (diesen Begriff habe ich von Vera F. Birkenbihl[1] ausgeliehen) leben nach dem Motto: *„Das ist Deine Wahrheit und dies ist meine Wahrheit und jetzt lass uns zusammen einen Cappuccino trinken!"*

Können Sie das? Mit einem anderen Menschen in liebevoller Zweinigkeit verbleiben, ohne sich selbst angegriffen oder zurückgesetzt zu fühlen? Wie verhalten Sie sich,

---

[1]Birkenbihl V (1995) Kommunikationstraining. MVG-Verlag, München/Landsberg.

wenn sich die Diskussion nicht um Farben dreht, sondern um Einstellungen und Werte, die Ihnen (beiden) extrem wichtig sind?

4.3 Toleranz durch Zweinigkeit

Die anderen so sein zu lassen, wie sie nun einmal sind, ist vielleicht die hohe Kunst der Toleranz.

Stellen Sie sich vor, wie groß die Toleranz anderen Menschen, Ländern, Werten, Sitten und Meinungen gegenüber werden könnte, wenn wir Zweinigkeit leben würden.

Spüren Sie, wie es sich anfühlt, die Meinung Ihres Gegenübers als „gleich gültig" anzuerkennen. Schauen Sie sich einmal den Zusammenhang zwischen Toleranz und Ihrer eigenen inneren Gelöstheit an.

Was für ein Glück: unterschiedliche Wahrheiten (sofern sie sich gegenseitig nicht bedrohen) können friedlich nebeneinander bestehen. Konsens um jeden Preis zu finden ist zuweilen gar nicht (mehr) nötig.

Möglicherweise lassen sich Zweinigkeit und Harmonie gleichzeitig leben. Andererseits ist auch ein gewisses Maß an inhaltlicher Übereinstimmung erforderlich, um auf eine gemeinsame Wellenlänge zu kommen, die als Grundlage für einen aktiven und attraktiven Austausch notwendig erscheint.

Vielleicht erleichtern wir uns die Suche nach Antworten in Bezug auf Realität, indem wir uns von den „Wahrheiten zweiter Ordnung" wegbewegen hin zu den (anzahlmäßig weitaus geringeren) Wahrheiten erster Ordnung. Als Beispiel mag hier der US-Dollar-Kurs zum Euro an der Frankfurter Börse vom 08. November 2016 um 14.30 Uhr dienen.

Von eventuellen Übermittlungs- oder Druckfehlern einmal abgesehen (also selbst hier gibt es Unsicherheitspotenzial!), ist davon ausgehen, dass alle die gleiche Information vorliegen haben und die Interpretationsmöglichkeiten bezüglich dieser Information gegen Null gehen.

Aus diesem Grund wird wohl so wenig über Wahrheiten erster Ordnung diskutiert. Da gibt es einfach nichts zu diskutieren.

Im Umkehrschluss ist somit festzustellen, dass es bei Streitigkeiten lediglich um mehrere (individuelle) Wahrheiten geht. Allein das Wissen darum kann Sie schon wesentlich entspannter in ein Gespräch gehen lassen.

Mit dem Wissen um Wahrheiten zweiter Ordnung haben Sie ein Mittel kennengelernt, mit dessen Hilfe Sie sich selbst in eine andere Grundstimmung versetzen können. Sie haben erkannt, dass es meist gar kein „richtig" oder „falsch" gibt, sondern lediglich persönliche Wirklichkeiten, die sich sprachlich etwa so ausdrücken lassen: *„Meiner Meinung nach sollten wir Alternative X wählen, weil … wie sehen Sie das?"*.

Der Nachsatz *„Wie sehen Sie das?"* enthält das spannende Element der „Wahrheitsabfrage" in Richtung Ihres Gegenübers. Dadurch integrieren Sie den anderen und signalisieren die Bereitschaft, Ihre eigene Wahrheit zu überdenken.

Natürlich skizziere ich an dieser Stelle idealtypische Kommunikationsmodelle, die der individuellen „Realität" jedoch angepasst werden können. Interessanterweise benötigen wir diese Modelle besonders dringend in kritischen Situationen, wobei wir oftmals feststellen, dass uns manchmal, je kritischer die Situation erscheint, umso weniger Potenzial an Ressourcen und Lösungsenergie zur Verfügung steht.

Das Thema „Energie" und deren Auswirkungen auf das Gesamtsystem „Leben" soll Gegenstand des nächsten Kapitels sein.

5

Element 4: Energize – Die eigene Energie steuern

5.1 Wunderbare Gedankenkontrolle

> Energie ist Schwingung auf unterschiedlichen Frequenzen. Haben wir uns mit „negativer Energie" aufgeladen, so schwingen wir im unteren Frequenzbereich. Positive Energie hingegen schwingt im oberen Frequenzbereich.
> Sie merken schon, ich habe die Formulierung verwendet „wir haben uns aufgeladen". Auch das letzte Kapitel von **CORE,** geht davon aus, dass wir sehr stark eigenverantwortlich steuern können, was uns gut tut und was nicht.

Jetzt mögen Sie vielleicht denken: *„Nein, ich kann nur in den wenigsten Fällen etwas ‚steuern'. Die meisten Sachen ‚passieren' halt einfach so"*. Dieser Frage werden wir sehr detailliert auf den Grund gehen.

Ich kann darauf nur mit einem Beispiel antworten, das wir bei uns zu Hause relativ konsequent verfolgt haben. An einem bestimmten Punkt hatten meine Frau und ich eine Art Leitsatz geprägt, der da hieß: *„Wir umgeben uns nur noch mit Menschen, die uns gut tun".*

Dieser Leitsatz bezog sich zunächst auf den privaten Bereich. Wir haben jedes Jahr zu einem traditionellen Sommerfest eingeladen und einige Gäste wechselten von Jahr zu Jahr, andere wurden über all die Jahre immer wieder eingeladen, einfach weil sie uns gut taten.

Menschen passen über einen bestimmten Zeitraum mehr oder weniger gut zueinander und zu einem bestimmten Zeitpunkt entscheidet es sich, ob man ein „längeres Stück" des Weges gemeinsam beschreitet, oder ob jeder seinen eigenen Weg gehen möchte. Auch in diesem Fall gibt es kein „richtig" oder „falsch", sondern lediglich ein „es ist, wie es ist".

Übertragen wir dieses Konzept auf Freundschaften oder Partnerschaften, so gilt das gleiche Prinzip: an einem bestimmten Punkt stellen wir manchmal fest, dass wir nicht (mehr) zueinander passen. Die sich ergebende Anschlussfrage lautet: wie gehen wir beide jetzt mit der Situation um? Kann ich mein Denken so flexibel anpassen, dass ich nicht nur nach außen, sondern auch nach innen sagen kann: *„Wir hatten eine wunderbare Zeit und jetzt ist der Moment für einen Neubeginn gekommen?"*

Diese Art der „Gedankenkontrolle" kennen Sie bereits aus dem dritten Element von **core:** „reflect".

Können wir den anderen „im Guten" gehen lassen, auch wenn er uns (vermeintlich) wehgetan hat? Im Wesentlichen ist es unsere Denkweise über den anderen oder über die Situation, die uns mit Schmerz erfüllt. Wir produzieren den Schmerz mithilfe unserer eigenen Gedanken, also dadurch, dass wir die Situation in dieser oder jener Weise bewerten. Diese Denkmuster und Bewertungen lösen die entsprechenden Gefühle bei uns aus.

„Die Zeit heilt alle Wunden" deshalb, weil sich im Laufe der Zeit unser Denken über die Situation oder die Person(en) ändert.

Die „unschöne Situation" mag immer noch die gleiche sein, doch „mit der Zeit" bewerten wir sie anders. Demnach produzieren wir selbst unsere eigenen Energien (positiv wie negativ) allein durch die Art und Weise, wie wir denken. Und genau das tun wir täglich. In jeder Stunde und in jedem Moment.

Können wir im privaten Bereich vielleicht noch mehr oder weniger selektieren, wen wir in unseren „inneren Kreis" hereinlassen, so wird es auf der beruflichen Ebene schon etwas schwieriger, die „richtige Auswahl" zu treffen. Oftmals werden wir einem Team (Kollegen, Vorgesetzten, Mitarbeitern) zugeteilt und versuchen dann, durch erlernte Überlebensstrategien mit diesen Menschen klarzukommen.

Damit sind wir wieder an dem Punkt angelangt, der uns die innere Entscheidung abverlangt, ob wir uns eher von unserer Umwelt (Kollegen, Vorgesetzten, Mitarbeitern) beeinflussen lassen (Opfertheorie: *„Da kann ich nichts machen, ich bin eben diesem Team zugeteilt worden"*) oder ob wir glauben, aktives Energiemanagement betreiben zu können.

Hierzu kann es hilfreich sein, sich das Konzept der „positiven Absicht" einmal genauer anzuschauen. Ob

Kollegen, Mitarbeiter oder Vorgesetzte: im Großen und Ganzen möchte jeder sein Bestes geben. Wir alle tun dies in der Regel lediglich auf unterschiedliche Art. Bevor wir also in eine „kritische" Situation geraten oder Teammitglieder „bewerten", können wir uns fragen: „Welche positive Absicht verfolgt X mit dieser Verhaltens- oder Vorgehensweise"?

Sie werden feststellen, dass, je mehr Sie in diese Richtung denken, Ihr Groll, Misstrauen oder Unbehagen schwindet, allein, weil Sie den Kollegen „mit anderen Augen" betrachten. Sie verschieben Ihren Wahrnehmungsfilter tendenziell von „Feind" zu „Freund".

Ihre „neue Denkweise" wird im Außen sichtbar: Der Klang Ihrer Stimme hat sich verändert, Ihre Körpersprache signalisiert mehr Kommunikationsbereitschaft und der Blickkontakt wird „weicher".

Worte sind Formen von Energie, die sich von Mensch zu Mensch überträgt, wobei ich hier nicht nur das reine Wort meine (kognitive Komponente), sondern auch die Art und Weise, **wie** es ausgesprochen wird (emotionale Komponente).

Wenn wir uns dann noch vergegenwärtigen, dass wir Menschen zu 70 % aus Wasser bestehen, wird deutlich, dass Botschaften, die wir senden oder hören über Schwingungen direkt in die Körperzellen gelangen und diese Energie (gute wie schlechte) dort weiterarbeitet.

Um zu sehen, welche Auswirkungen verschiedene Arten menschlicher Kommunikationsenergie haben können, lassen Sie uns modellhaft einige Beispiele aus dem Alltag betrachten.

Bitte folgen Sie mir einen Moment bezüglich der modellhaften Sequenz, die sich aus folgenden Elementen zusammensetzt:

„Situation (oder Impuls)" – „Gedanke" – „Bewertung" – „Gefühl" – „Handlung".

Lassen Sie uns davon ausgehen, dass sich diese Kette von links nach rechts entwickelt.

5.2 Die menschliche Reiz-Reaktions-Kette

Ich stelle Ihnen zunächst eine „negative" Reaktionskette dar. Sie ist einfacher zu erkennen, weil wir sie schon sehr oft „geübt" haben.

Negative Reiz-Reaktions-Kette					
Beispiel	Situation	Gedanken	Bewertung	Gefühl	Handlung
1. Im Urlaub	Es regnet.	Schon wieder … das ist jetzt der 4. Tag hintereinander.	Das ist doch kein Urlaub! So ein Sauwetter!	Ich bin so sauer und enttäuscht.	Morgen reise ich ab.
2. Beziehung	Sie hat sich jetzt seit 3 Stunden nicht gemeldet.	3 Stunden sind echt sehr lang.	Das war doch abgemacht. Sie ist keine gute Freundin.	Diese Ungewissheit zermürbt mich. Sie lässt mich hängen, ich bin ihr egal …	Die kann was erleben, wenn ich sie das nächste Mal sehe …
3. Autobahn	Ein Raser überholt von rechts und schneidet mich.	Das gibt's doch nicht. Jetzt fahr ich schon 120 und der überholt mich von rechts!!! Das darf der gar nicht, ist total verboten.	Der will einfach nur beweisen, was für ein toller Kerl er ist. Der schert sich nicht um Regeln und die Gefahr für andere.	Das darf man ihm nicht erlauben, das muss ich mir nicht gefallen lassen, da wehre ich mich.	Den zeig ich an.

Diese Reaktionsmuster müssen Sie vermutlich nicht mehr großartig trainieren, da sie Ihnen bereits in Fleisch und Blut übergegangen sein dürften.

Abb. 5.1 verdeutlicht diesen Zusammenhang nochmals: Ich erlaube dem Wetter, darüber zu bestimmen, wie es mir geht.

Diese „klassischen Fälle" sind in unserem Erleben zunächst einmal negativ besetzt und es bedarf Ihrer eigenen Bewusstheit zu erkennen, dass Sie darauf auch anders reagieren können.

Diese Verhaltensautonomie kann erlernt werden und erzeugt Wahlmöglichkeiten im Umgang mit kritischen Situationen oder Personen. Denken Sie daran: Es ist

Abb 5.1 Bestimmt die Wetterlage auch Ihre Gefühlslage? (Quelle: Barbara Kinzebach)

5.2 Die menschliche Reiz-Reaktions-Kette

nicht die Situation als solche, die Sie wütend oder traurig macht. Es ist zu einem großen Teil die Art und Weise, wie Sie diese Situation bewerten!

Deshalb bitte ich Sie, auf der nächsten Seite einen anderen, vielleicht neuartigen Weg zu wählen. Anstatt sich selbst mit negativer Energie aufzuladen, probieren Sie es doch einmal anders: seien Sie gut zu sich und versuchen Sie, bei exakt gleicher Situation innerlich so zu reagieren, dass es sich für Sie angenehmer anfühlt.

Die Reiz-Reaktions-Kette zeigt Ihnen modellhafte Vorschläge für die positiven Energien:

Positive Reiz-Reaktions-Kette					
Beispiel	Situation	Gedanken	Bewertung	Gefühl	Handlung
1. Im Urlaub	Es regnet.	Schon wieder ... das ist jetzt der vierte Tag hintereinander.	Hmmm ... irgendwie gemütlich ...	Das ist so kuschelig und geborgen wie früher in ...	Jetzt ruf ich gleich B an, um ein wenig zu quatschen.
2. Beziehung	Sie hat sich jetzt seit drei Stunden nicht gemeldet.	Drei Stunden lang kein Lebenszeichen.	Sie ist ganz schön gestresst in letzter Zeit ... Sie arbeitet einfach auch zuviel.	Sie tut mir voll Leid und ich möchte ihr etwas Gutes tun ...	Ich ruf sie an und frag, ob ich ihr helfen kann.
3. Autobahn	Ein Raser überholt von rechts und schneidet mich.	Hui, na, der hat's aber eilig.	Der muss bestimmt zu einem dringenden Termin oder sein Flugzeug noch erreichen.	Bin ich froh, dass ich heute mal mehr Zeit habe.	Naja, dann kann ich ja mal auf die rechte Spur fahren.

Das Stichwort hinter diesen Übungen heißt „Gefühlsautonomie". Gebe ich meiner Umwelt, also meinen Mitmenschen Macht über meine Gefühle oder kann ich im weitesten Sinne selbst bestimmen, wie es mir geht?

Versuchen Sie es nun selbst. Denken Sie an drei schwierige Situationen aus Ihrem Alltag, die sich wiederholen könnten und die Sie positiv lösen möchten:

Ihre neue positive Reiz-Reaktions-Kette					
Beispiel	Situation	Gedanken	Bewertung	Gefühl	Handlung
1.					
2.					
3.					

5.3 Energie aktiv über das eigene Verhalten steuern

Nachdem Sie im vorausgegangenen Kapitel gesehen haben, wie Sie Ihren Energiehaushalt durch die Kraft Ihrer Gedanken steuern können, lernen Sie jetzt die Folgen unterschiedlicher Arten von Energie kennen, die wir oft unbewusst aussenden.

An anderer Stelle hatte ich ja schon einmal das Spiegelprinzip erwähnt, salopp ausgedrückt: *„Wie man in den Wald hineinruft, so schallt es heraus"*. Mit anderen Worten: Was Sie aussenden (sprachlich und körpersprachlich), erhalten Sie (unmittelbar oder zeitverzögert) zurück.

Menschen besitzen ein emotionales Gedächtnis. Stellen Sie sich eine Person aus Ihrem Bekannten- oder Freundeskreis vor. Während Sie das tun, entwickeln Sie automatisch ein Gefühl zu dieser Person etwa in der Art, dass Sie einen „Durchschnittswert" darüber bilden, wie Sie von dieser Person bisher behandelt wurden. Natürlich gilt der Effekt auch umgekehrt: Jedes Mal, wenn Sie diese Person treffen, bekommen Sie den Durchschnittswert von dieser Person zurückgespiegelt.

5.3 Energie aktiv über das eigene Verhalten steuern

Hier stellt sich eine entscheidende Frage zum Thema Eigenverantwortlichkeit: Sind Sie in der Lage, Ihr Energieniveau auf eine Art zu steuern, die es anderen Personen ermöglicht, Sie – vom Wesen her – als positiv wahrzunehmen? Die positive Wahrnehmung hätte den Vorteil, dass Ihr Denkhirn frei und kreativ arbeiten könnte und Sie sich weniger oder keine Sorgen über eventuell drohende Gefahren machen müssten.

Auch an dieser Stelle geht es vielleicht mehr um Bewusstmachung als um das Erlernen neuer Fähigkeiten. Hier kommt wieder das Thema Selbstbewusstsein ins Spiel: Wenn Sie das Gefühl haben, von Ihren Gesprächspartnern anerkannt zu sein, müssen Sie sich weder größer machen, als Sie sind (vergleichbar mit einem Pfau, der sein Rad öffnet, um zu imponieren), noch Ihr Licht unter den Scheffel stellen, um sich das Wohlwollen Ihres Gegenübers zu erhalten.

Wie also kann es Ihnen gelingen, mit Ihren Gesprächspartnern „partnerschaftlich" zu interagieren?

Wodurch werden also unsere Kampf- und Verteidigungsmechanismen aktiviert? Sie ahnen es vielleicht schon: Hier haben wir es wieder mit der „Angst" zu tun. Angst, nicht gehört zu werden, nicht ernst genommen zu werden, Angst vor „Gesichtsverlust", Angst, etwas zu verlieren, betrogen oder über den Tisch gezogen zu werden, Angst um den Arbeitsplatz, Angst vor Veränderung, Demütigung, vor dem Alleinsein, vor dem Versagen, vor der Zukunft im Allgemeinen.

Schauen wir uns auf der nächsten Seite einmal die drei Verhaltensmuster an, mit denen alle Menschen auf dieser Welt durchs Leben gehen.

5.3.1 Das D-P-U-Modell

Das D-P-U-Modell habe ich der Transaktionsanalyse nach Eric Berne[1] entnommen und auf folgende drei Elemente reduziert: „D" steht hierbei für „Dominanz", „P" für „Partnerschaft" und „U" für Unterlegenheit.

Wenn Sie sich dieser drei Parameter, die alle Menschen in sich tragen und auch jederzeit ausspielen können, nicht bewusst sind, kann es passieren, dass Sie in bestimmte Rollenmuster gedrängt werden und diese „mitspielen", obwohl vielleicht in bestimmten Situationen und gegenüber bestimmten Personen ein anderes Muster vorteilhafter wäre. Gehen Sie jetzt den Schritt vom unbewussten Verhalten zur Bewusstheit und damit in Richtung eines gesunden Selbst-Bewusst-Seins.

Dominanz
Kennen Sie Menschen, die einen Raum betreten (ohne etwas zu sagen) und Sie fühlen sich irgendwie unwohl? Sie spüren Gefühle wie „Druck", „Angst", „Bedrohung" oder „Macht" und von Ihrem Charisma fehlt jede Spur? Kennen Sie Situationen, in denen Sie sich gefühlt haben wie unser Protagonist in Abb. 5.2?

Wie entstehen diese Gefühlseindrücke? Was genau nehmen unsere Sensoren wahr (wir nehmen pro Sekunde unbewusst bis zu 10.000 Informationseinheiten auf, die uns unsere Mitmenschen „senden")?

---

[1] Harris T (1995) ich bin ok. Du bist ok. rororo – Rowohlt Taschenbuch Verlag, Reinbek.

5.3 Energie aktiv über das eigene Verhalten steuern

Abb. 5.2 Dominantes Verhalten entspringt mangelndem Selbstwert und macht andere klein. (Quelle: Barbara Kinzebach)

Unsere Wahrnehmung kombiniert körpersprachliche Signale (z. B. aufrechter Gang, bei dominanten Verhaltensweisen zuweilen ein wenig „zu aufrecht", fester Blickkontakt, „seriöse" Mimik) und sprachliche Signale (hierbei sind nicht so sehr die Worte an sich entscheidend, sondern vor allem die Stimme und der Tonfall. Am Ende dieses Kapitels werde ich auf den Aspekt der Stimme noch näher eingehen). Und so hört sich dominante Sprache an:

- *„Du machst jetzt sofort das Buch zu und gehst ins Bett!"*
- *„Ich erwarte Ihren Bericht bis Montagabend per Email."*
- *„Herr Maier, ab sofort werden Sie bei Herrn Schmidt im Team mitarbeiten."*
- *„Ich werde auf keinen Fall dulden, dass so etwas noch mal passiert."*
- *„X Euro für dieses Produkt sind wirklich ein einmaliger Preis, das können Sie mir glauben."*
- *„Morgen Abend gehen wir Pizza essen. Ich hab schon einen Tisch bei Giovanni bestellt."*
- *„So können Sie doch keinen Jahresbericht verfassen. Da fehlen doch noch wichtige Detailinformationen …"*
- *„Sieh mal an, eine 2 in Mathematik! Und warum ist es keine 1 geworden?"*

Dominantes Verhalten setzt das Selbstwertgefühl anderer Menschen herab und provoziert damit entweder Angriffs- oder Fluchtverhalten. Die Kommunikation findet „von oben nach unten" statt.

Eine dominante Person braucht immer jemanden, den sie „nach unten drücken" kann, damit sie sich selbst besser fühlt. Starke Anzeichen von Dominanz weisen auf ein eher geringes Selbstwertgefühl (generell, in diesem Augenblick oder/und dieser Person oder Situation gegenüber) hin.

Partnerschaft
Die partnerschaftliche Verhaltensweise ist geprägt von der Akzeptanz meines Gesprächspartners (ihn/sie so sein lassen zu können, wie er/sie ist) und einer Kommunikation auf Augenhöhe mit dem Ziel eines Win-Win-Ergebnisses am Ende des Gesprächs.

5.3 Energie aktiv über das eigene Verhalten steuern

Win–Win zielt darauf ab, dass auch die emotionale Ebene (nicht nur die inhaltliche) „sauber" bleibt. Das bedeutet, dass beide Gesprächspartner über einzelne Kernthemen unterschiedlicher Auffassung sein können und gleichzeitig die emotionale Ebene zwischen ihnen immer noch stabil (genug) ist.

Wenn Sie einen partnerschaftlichen und kooperativen Gesprächsstil wählen möchten, sind Sie auf der sicheren Seite, wenn Sie mit Fragen arbeiten. Bei echten, authentischen Fragen hat Ihr Gegenüber immer die Möglichkeit, auch „nein" zu sagen.

Hier zeigt sich der Unterschied zwischen Überreden *(„na komm, jetzt mach schon, das ist doch nicht so schlimm!")* und überzeugen oder verhandeln *(„was müssten wir sicherstellen, damit Du es tust?")*.

Der partnerschaftliche Sprachstil zeigt sich auch in Formulierungen wie z. B. „wir", „uns", „gemeinsam". Schauen wir uns noch einmal die dominanten Beispiele an und übertragen wir sie in einen partnerschaftlichen Sprachstil, ohne den Inhalt zu verändern.

Eine wesentlicher Faktor ist an dieser Stelle die Stimme, die meist weicher und freundlicher klingt als im dominanten Verhaltensstil.

- „(Schatz), machst Du bitte das Buch zu und gehst ins Bett?"
- „Ich hätte gerne Ihren Bericht bis Montagabend per Email, ginge das bei Ihnen?"
- „Herr Maier, ich würde Sie gerne so bald wie möglich bei Herrn Schmidt im Team einsetzen. Ist das für Sie in Ordnung?"

- „Was könnten wir tun, damit so etwas nicht noch mal vorkommt?"
- „Das Produkt könnte ich Ihnen für X Euro anbieten. Was halten Sie davon?"
- „(Schatz), ich würde morgen Abend gern Pizza essen gehen. Soll ich für uns bei Giovanni einen Tisch bestellen?"
- „Haben Sie für den Jahresbericht an die Detailinformationen gedacht, die da noch rein müssen?"
- „Klasse! Eine 2 in Mathematik. Hättest Du gerne eine 1 gehabt? Lass mal sehen: was hätte Dir noch zur 1 gefehlt?"

Die Möglichkeit, dass Ihr Gesprächspartner (ohne Angst zu haben!) auch nein sagen kann, setzt zunächst das partnerschaftliche Potenzial frei und schafft somit erst die Voraussetzungen für kreatives und lösungsorientiertes Denken auf beiden Seiten.

Natürlich kann „Anordnen ohne Widerspruch zuzulassen" scheinbar zunächst einmal der schnellere und bequemere Weg (für den, der anordnet) sein. Die Frage ist: *„Welche Gefühle, Abwehrmechanismen oder versteckten Spielchen entstehen dann auf er anderen Seite? Ist der langfristige Schaden vielleicht sogar größer als die kurzfristige Zeitersparnis?"*

Schauen wir uns zunächst noch die dritte Verhaltensvariante an, die ebenfalls in uns steckt: die Unterlegenheit.

Unterlegenheit

In der Variante „Unterlegenheit" lassen sich vier Verhaltensweisen unterscheiden: Hilflosigkeit, Jammern, Trotz und Angst.

5.3 Energie aktiv über das eigene Verhalten steuern

1. Hilflosigkeit

Wenn wir uns „hilflos" verhalten, verfolgen wir manchmal die „Theorie der erlernten Hilflosigkeit": *„Ach, mach Du das doch lieber, das kannst Du doch so gut. Du weißt doch, dass ich für so was zwei linke Hände habe…"*

Diese Methode ist zum einen praktisch (ich muss selbst nichts tun, weil ich es ja nicht „kann"), auf der anderen Seite können wir uns mit solchen Verhaltensweisen selbst aufs Abstellgleis manövrieren, wenn unsere Mitmenschen merken, dass wir nicht „können" oder/und nicht „möchten". Unterlegenheit kann sich aber nicht nur auf Hilflosigkeit beziehen, sondern z. B. auch auf Jammern:

2. Jammern

„Ach Mensch, das ist doch völlig ungerecht! Wieso bin ich immer der/die Einzige, der/die hier Überstunden macht? Die anderen sind alle schon längst zu Hause und ich sitz hier immer noch rum (ich armes Würstchen)"!

Menschen, die andauernd jammern, wollen wir irgendwann nicht mehr in unserer Nähe haben, weil sie unser Energieniveau nach unten ziehen und uns damit unsere eigene Kraft rauben. Also halten wir uns von ihnen fern, denn wir haben ja beschlossen, uns nur noch (soweit das möglich ist) mit Menschen zu umgeben, die uns gut tun.

Ein weiteres Reaktionsmuster der Unterlegenheit ist der Trotz, der sich in etwa so anhören könnte:

3. Trotz

„Nee, also jetzt reicht's mir aber. Das kann doch nicht wahr sein! Die sollen doch ihren Kram alleine machen. Ich mach hier gar nix mehr in diesem Laden. Sollen doch alle sehen, wo sie bleiben. Jetzt ist endgültig Schluss!"

Hier macht es sich besonders gut, um auch noch den letzten Rest an Glaubwürdigkeit und Respekt zu verlieren, die Stimme auf die maximale Lautstärke anzuheben, sodass Ihre Umwelt in jedem Fall laut und deutlich mithören kann (das ist sehr wichtig!). Jeder soll schließlich mitkriegen, wie wütend Sie sind.

Aber es gibt noch eine weitere Variante, nämlich die Angst.

4. Angst

Oh, ja stimmt, den Fehler auf Seite 18 hab ich echt übersehen. Tut mir furchtbar leid. Ich hab so viel zu tun, dass ich gar nicht dazu komme, die einzelnen… Wie? Ach so das Projekt B. Ne, ist klar, Chef, Überstunden müssen halt nun mal sein und ich mach's ja gern.

Bitte? Den Wochenbericht auch noch bis Freitag? Äh, also … hm … ja, ich denke, das müsste ich schon irgendwie hinkriegen. Wir sind zwar heute Abend auf einen runden Geburtstag eingeladen, aber den kann ich ja absagen. Die Arbeit geht halt nun mal vor. Ach so, Chef, Sie gehen jetzt nach Hause? Ja, dann wünsch ich Ihnen einen schönen Feierabend!

Hier begibt sich der Angestellte auf persönlicher Ebene freiwillig in die unterlegene Position. Was meinen Sie: Wen wird der Chef das nächste Mal bitten, wieder Überstunden zu machen? Vermutlich wählt er den Weg des geringsten Widerstands …

Wie entkommen Sie der „Unterlegenen"-Falle? Denn wenn es gelingt, die Unterlegenheit in ein partnerschaftliches Verhältnis umzuwandeln, kommen beide Seiten kurz- und langfristig zu befriedigenden Ergebnissen. Stellen Sie sich das D-P-U–Modell als vertikales Bild vor, dann könnte der vorstehende Dialog etwa wie folgt verlaufen. Lesen Sie den Dialog hierbei in der Reihenfolge der Ziffern 1 bis 7.

Dominant

1. Chef: *„Sagen Sie mal, haben Sie überhaupt den Fehler auf Seite 18 gesehen?"*

5. Chef: (macht noch einmal einen dominanten Versuch): *„Hören Sie, mir brennt da noch das Projekt B unter den Nägeln. Es ist sehr wichtig und da müssten die Projektpläne bis Donnerstag draußen sein. Ich hätte sie gerne spätestens am Mittwoch auf meinem Schreibtisch."*

Partnerschaftlich

3. Sie: *„Was genau müsste denn da aus Ihrer Sicht* (= partnerschaftlicher Sprachstil) *korrigiert werden?"*

4. Chef: *„na ja, ich finde, die Grafik ist zu detailliert. Das könnte unsere Kunden eher verwirren…"* (Jetzt sind Sie beide im Lösungsmodus weil Sie sich auf der partnerschaftlichen Ebene befinden)

7. Sie: *„Ich arbeite gerade an Projekt A und Sie hätten gerne, dass ich mich auch um Projekt B kümmere. Welches von beiden ist im Moment wichtiger für Sie?"*

(Sie benutzen den partnerschaftlichen Sprachstil („für Sie"), arbeiten mit Fragen und lassen den Chef priorisieren. Damit sind Sie der Falle „Ich bin total überlastet" entkommen).

Unterlegen

2. Sie: *„Oh, sorry, der ist mir überhaupt nicht aufgefallen, tut mir leid!"*

(jetzt haben Sie sich kurz im „U" aufgehalten und springen sofort mit einer Frage ins „P" wie unter 3. aufgezeigt)

6. Sie: *„Ja, ich weiß, dass Projekt B für Sie sehr wichtig ist"*.

(Sie zeigen hier kurz Empathie, indem Sie signalisieren, dass Sie gehört haben, was Ihr Chef gesagt hat und springen dann sofort wieder ins „P" wie unter 7. gezeigt).

Testen Sie Ihre eigene Verhaltensvariabilität in kritischen Situationen. Welches ist Ihr bevorzugtes Repräsentationssystem in Bezug auf das D–P–U–Modell?

1. **Aktive Variante:** wie lautet Ihr Sprachstil in den verschiedenen Rollen (D-P-U), wenn Sie etwas von jemandem möchten?

   Dominant

   Partnerschaftlich

   Unterlegen

   ----

2. **Passive Variante:** wie lautet Ihr Sprachstil in den verschiedenen Rollen (D-P-U), wenn Sie auf jemanden reagieren?

Dominant

Partnerschaftlich

Unterlegen

5.3.2 Das „4-Ohren-Modell" oder „Kann ich wählen, was ich wie hören möchte"?

In Abschn. 5.3.1 haben Sie drei Reaktionsmöglichkeiten kennengelernt, die alle Menschen in sich tragen. Doch wodurch entsteht Ihr inneres Reaktionsmuster? Warum entscheiden Sie sich in dieser oder jener Situation gegenüber dieser oder jener Person für die dominante Variante? Warum wählen Sie manchmal scheinbar „intuitiv" den partnerschaftlichen Kommunikationsstil und aus welchem Grund tappen Sie zuweilen in die „Unterlegenen"-Falle?

Ein Antwortmodell auf diese Fragen betrachtet die Art und Weise, wie wir unsere Gesprächspartner hören (wollen). Mit anderen Worten: Inwieweit beziehen Sie den Inhalt und die Form der Ihnen übermittelten Nachricht auf sich persönlich (und werten dies manchmal als Angriff) oder als

Sachinformation? In Abschn. 1.5 haben wir festgestellt, dass die „reine Sachinformation" in der zwischenmenschlichen Kommunikation nicht existiert, da die emotionale Komponente immer mitschwingt (ob uns das gefällt oder nicht).

Deshalb wollen wir uns den berühmten Satz „die Botschaft entsteht beim Empfänger" einmal etwas genauer ansehen. Das Modell „Vier Seiten einer Nachricht" von Schulz von Thun[2] zeigt Ihnen Abb. 5.3.

Stellen Sie sich vor, Sie gehen durch die Fußgängerzone einer Stadt und haben schlechte Laune. Ihnen ist irgendeine Laus über die Leber gelaufen und es geht Ihnen nicht besonders gut. Sie gehen an einer Gruppe von Menschen vorbei, die in genau dem Moment anfangen, laut zu lachen, in dem Sie an ihnen vorbeigehen. Wie könnte Ihre „innere Reaktion" aussehen?

- Verstärkt das Gelächter der fremden Personen Ihre schlechte Laune noch? Beziehen Sie deren Lachen auf sich selbst?
- Fühlen Sie sich eventuell „ausgelacht", obwohl Sie nicht genau wissen, warum?

Nehmen Sie jetzt die gleiche Szene unter etwas anderen Vorzeichen: es ist ein wunderschöner Tag und Sie spüren schon seit einiger Zeit ein Glücksgefühl, eine Art innere Heiterkeit, mit der Sie gerade unterwegs sind.

---

[2] Schulz von Thun F (1999) Miteinander reden 1 – Störungen und Klärungen. rororo – Rowohlt Taschenbuch Verlag, Reinbek.

5.3 Energie aktiv über das eigene Verhalten steuern

Abb. 5.3 Ich kann wählen, was ich hören möchte. (Quelle: Barbara Kinzebach)

Jetzt kommen Sie an derselben Gruppe von Menschen vorbei und und wieder fangen diese just im selben Moment an, laut zu lachen. Vermutlich schauen Sie lächelnd hinüber und lassen sich jetzt, da Sie sich selbst in Hochstimmung befinden, durch das Lachen mitreißen und sehen darin einen weiteren Beweis, wie schön das Leben doch ist und wie sehr manche Menschen dieses Leben genießen.

In diesen beiden Beispielen sehen wir modellhaft die exakt gleiche Situation vonseiten der Sender (die lachende Menschengruppe) mit diametral entgegen gesetzten Gefühlen beim Empfänger, im Beispiel bei Ihnen.

Im ersten Fall mutmaßen Sie vielleicht, dass man Sie auslacht, im zweiten Fall lachen Sie innerlich mit. Heißt das, Sie könnten sich vieles einfacher machen, wenn Sie es nicht „persönlich" nähmen? Können Sie auch beim Hören

Ihre Energien mithilfe der eigenen Gedankenkraft steuern? Die gute Nachricht lautet: „Ja, Sie können!"

Lassen Sie uns diese Behauptung durch konkrete Beispiele aus ganz normalen Alltagssituationen untermauern:

Wir werden uns jetzt verschiedene „Variationen des Hörens" genauer anschauen und untersuchen, welche emotionalen Antwortmöglichkeiten Sie einsetzen können. Stellen Sie sich vor, Sie sind mit einer Gruppe von Leuten in einem Raum, der im Moment „gut belüftet" wird (d. h., ein Fenster ist geöffnet und frische Luft dringt von draußen herein). Nach ein paar Minuten sagt eine Person in diesem Raum folgenden Satz:

„Mensch, ist das kalt hier drin!"

Was wäre Ihre erste Reaktion auf diesen Satz? Wie würden Sie der Person antworten (falls Sie überhaupt „in Aktion" gehen und antworten)? Sie könnten natürlich auch gar nichts tun und warten, was passiert. Es ist möglich, dass Ihre Antworten an dieser Stelle unterschiedlich ausfallen, je nachdem, ob Sie gerade „gut drauf" sind oder eher schlechte Laune haben. Lassen Sie uns das Antwortrepertoire zunächst zusammenstellen, um zu sehen, welche Wahlmöglichkeiten Sie beim Hören haben:

1. Reaktion auf der Sachebene

Falls Ihnen in diesem Beispiel jetzt auch kühl ist, dann könnten Sie diese Tatsache einfach nur aufgreifen und widerspiegeln, in dem Sie zum Beispiel sagen: *„Ja, stimmt, es ist echt frisch hier drin"*. Damit haben Sie signalisiert, dass Sie gehört haben, was gesagt wurde. Sie haben sich jedoch keinerlei „Aktionszwang" (wie wir gleich sehen werden) ausgesetzt.

2. Reaktion auf der Aktionsebene

In diesem Fall denken Sie (d. h. Sie interpretieren, Sie nehmen an, dass es wohl so sein wird!), dass die Person, die gesagt hat *„Mensch, ist das kalt hier drin"*, jemanden aus der Gruppe dazu auffordern möchte, das Fenster zu schließen (weil er/sie es selbst augenblicklich nicht kann oder nicht will). Sie (als Empfänger der Information) vermuten, dass der Sender von Ihnen eine Aktion erwartet. Wenn Sie in diesem Moment der vermuteten Erwartung nachgeben, dann könnte Ihre Antwort etwa so lauten: *„Ich mach' das Fenster gleich zu"*. Sie würden es sagen und auch tun. Kennen Sie Menschen, die sich unverhältnismäßig häufig in der „Aktionsfalle" aufhalten? Kaum macht jemand eine Bemerkung in Richtung „man müsste mal dies oder jenes tun", springen sie auf und setzen das Gesagte in Aktion um.

Wenn wir gerade beim Interpretieren sind: Vielleicht wollte der Sender lediglich sagen, dass es ihm/ihr zu kühl ist und er oder sie hat gar keine Aktion erwartet. Vielleicht wollte er oder sie sich nur den anderen mitteilen, um gemeinsame „Leidensgenossen" zu suchen.

Wie hätte der Sender senden müssen, wenn er gewollt hätte, dass jemand das Fenster schließt? Das Zauberwort in diesem Falle heißt: „eindeutig": *„Herr A/Frau B, würden Sie bitte so gut sein und das Fenster schließen?"* Bei dieser Variante ist der Spielraum für eine Interpretation gleich Null. Das bedeutet für Sie als Sender: Senden Sie so klar und eindeutig wie möglich. Sagen Sie genau, was Sie von anderen erwarten, damit die Ergebnisse annähernd dem entsprechen, was Sie sich vorgestellt haben.

3. Reaktion auf der Beziehungsebene

An dieser Stelle zeigt sich, wie die Beziehung zwischen Sender und Empfänger (generell oder in diesem Augenblick) gestaltet ist. Im Moment der Aussage *„Mensch, ist das kalt hier drin"*, analysieren unsere Sensoren die Stimme, den Tonfall sowie Mimik und Gestik des Senders und kombinieren diese mit (eventuellen) Vorerfahrungen, die wir mit dieser Person (oder vergleichbaren Situationen) bereits gemacht haben. Danach entscheiden wir (oft unbewusst), wie wir auf diese Aussage reagieren. Eine „typische" Reaktion könnte sein:

„Ja, meine Herren, dann mach halt das Fenster zu, anstatt so rumzujammern!!!" (Beziehungsebene in Gefahr oder bereits zerstört!).

Ist die Beziehung vom Grunde her stabil, so wäre auch folgende Antwortmöglichkeit denkbar:

„Lass uns mal schauen, welche Lösung wir da finden. Einigen ist zu kalt, anderen zu warm. Was sollen wir machen?"

Hier wären wir wieder beim partnerschaftlichen Gesprächsstil, der mit Fragen versucht, Lösungen herbeizuführen.

4. Spiegelreaktion

Je nach Lust und Laune befinden wir uns hier entweder auf der Ebene der Empathie oder der Ironie (witzeln, „sticheln"). Die Spiegelreaktion versucht, die augenblickliche Gefühlslage des Senders zu erforschen und sie ihm mit Worten „zurückzugeben". Hier einige Varianten der Spiegelreaktion auf die Aussage *„Mensch, ist das kalt hier drin"*:

5.3 Energie aktiv über das eigene Verhalten steuern

- Du frierst so, weil Du noch erkältet bist, stimmt's? (Empathie)
- Na, hat unsere Frostbeule wieder mal das Pelzmäntelchen vergessen? (Ironie, witzeln, sticheln)
- Och, möchtest Du wieder mal ein paar Gramm Mitleid von uns? (Empathie, Ironie)
- Du liebst einfach die Wärme, nicht wahr? (Empathie)

Der Unterschied zwischen echter Empathie (Einfühlungsvermögen) und Ironie entsteht durch die Art und Weise, wie wir über unsere Stimme, Mimik und Gestik den Sender widerspiegeln. An diesen Faktoren erkennen die kommunikativen Sensoren des Senders, ob wir es mit dem Widerspiegeln „ernst" meinen oder ob Ironie, Witz oder Kampf mit im Spiel sind.

Auf den nachfolgenden Seiten können Sie für sich selbst überprüfen, auf welchem Ohr Sie vor allem in kritischen Situationen hören und ob dieser Kanal nützlich in Bezug auf die Situation oder Person ist.

Ich werde Ihnen noch ein paar Alltagsszenen vorstellen und diese mit beispielhaften Reaktionsmöglichkeiten versehen, sodass Sie fit sind, um Ihre eigenen Reaktionsmuster zu erstellen und auf ihre Tauglichkeit hin zu überprüfen.

Sender:	„Der Müll hier in der Küche stinkt ja fürchterlich".
Empfängerreaktion auf der Sachebene:	„Ja, das stimmt. Wirklich grauenvoll".
Empfängerreaktion auf der Aktionsebene:	„Ich bring´ihn sofort nach draußen!"
Empfängerreaktion auf der Beziehungsebene (Beziehung ist gefährdet oder zerstört):	„Dann tu halt was dagegen oder bin ich etwa der Müllmann?"
Empfängerreaktion auf der Spiegelebene:	„Oh, was hast Du heute wieder für ein besonders feines Näschen ☺?"

Sender:	„Der Preis dafür ist viel zu hoch!"
Empfängerreaktion auf der Sachebene:	„Ja, wir gehören nicht zu den preiswertesten Anbietern am Markt".
Empfängerreaktion auf der Aktionsebene:	„Ich kann da schon noch was machen, wenn Sie einen besseren Preis brauchen."
Empfängerreaktion auf der Beziehungsebene:	„Tja, Qualität hat ihren Preis und ich hab die Preise ja nicht gemacht! Sie müssen einfach wissen, was Sie wollen..."
Empfängerreaktion auf der Spiegelebene:	„... das heißt, Sie suchen etwas, was mehr Ihrem Budget entspricht."

Nun können Sie einen Selbstversuch starten und Ihre Antwort- und Verhaltensvariabilität überprüfen. Welche Antwortmöglichkeiten sehen Sie auf den verschiedenen Ebenen?

Sender: „Die Fenster müssten auch mal wieder geputzt werden!"
Sachreaktion:

___

Aktionsreaktion:

___

Beziehungsreaktion:

___

5.3 Energie aktiv über das eigene Verhalten steuern

Spiegelreaktion:

Sender: „Ihren Bericht kann ich so auf keinen Fall akzeptieren!"
Sachreaktion:

Aktionsreaktion:

Beziehungsreaktion:

Spiegelreaktion:

Sender: „Achtung, die Ampel da vorne ist rot!"
Sachreaktion:

Aktionsreaktion:

Beziehungsreaktion:

_____

Spiegelreaktion:

_____

Wenn Sie sich diese „Wahlfreiheit beim Hören" zunutze machen, können Sie Ihren Gefühlshaushalt weitgehend autonom bestimmen und sich von den unterschwelligen Manipulationsversuchen des Senders unabhängiger machen. Diese Autonomie versetzt Sie in einen relativ stabilen und ausgeglichenen Zustand.

Aus dem Zustand von Stabilität und Ausgeglichenheit heraus (also angstfrei) ist die Wahrscheinlichkeit, dass Sie mit Kampfmechanismen reagieren, geringer und Sie erlangen somit auch eine Wahlfreiheit als Empfänger, indem Sie sich entscheiden können, ob Sie in diesem Augenblick dominant, partnerschaftlich oder unterlegen antworten möchten.

Mit einem Zuwachs an Gefühls- und Verhaltensautonomie steigt wiederum auch das Selbst-Bewusst-Sein. Durch das Erkennen der oben beschriebenen Mechanismen können Sie Handlungen aus einem Zustand der Unbewusstheit in eine Bewusstheit überführen. Dadurch entsteht das Gefühl, verantwortlich und überzeugend handeln zu können, anstatt in einer „Opferhaltung" auszuharren und vor allem die Umwelt als Haupteinflussgröße Ihrer Ergebnisse zu betrachten.

Verantwortlich, überzeugt und selbstbewusst nach außen zu wirken ist der sichtbare Teil eines gesunden

Selbstwertgefühls. Wir setzen eindeutige Signale in die Welt, die unsere „Empfänger" sensorisch wahrnehmen. Unsere Mitmenschen erkennen unsere kommunikativen Fähigkeiten als Kombination aus „Denken und Fühlen" mit „Kommunizieren und Handeln".

Durch Sprache, Körpersprache, unsere Entscheidungen und Handlungen werden wir im Außen sichtbar und als Individuum „(an-)erkannt". Erkennen als unverwechselbares Kriterium in Form unseres Gesichts, eines Fingerabdrucks oder der Art, wie wir uns bewegen, erfolgt zu großen Teilen auch über „atmosphärische Komponenten", wie z. B. die Beschreibungen eines Menschen anhand der Gefühle, die er/sie in uns (generell als „Grundmuster" und speziell in bestimmten Situationen) auslöst.

In diesem Zusammenhang ist es sicherlich kein Zufall, dass die Begriffe „Stimmung" und „Stimme" artverwandt sind.

Die Stimme „sagt" etwas über uns aus, ist unverwechselbarer Teil unseres Selbst, gibt Auskunft über Gefühlslage, Engagement und Authentizität. Über die Stimme dringt nach außen, was in uns ist. Sie übermittelt unser augenblickliches Energieniveau ebenso wie unsere Ängste und Hoffnungen. Das nächste Kapitel ist der Stimme als Stimmungsbarometer gewidmet.

5.3.3 Die Stimme als Stimmungsbarometer und Energielieferant

In der Stimme zeigt sich Ihre Stimmung, d. h., sie transportiert neben dem Inhalt auch Ihre Emotionen und enthält als Pendant einen hochsensiblen Sensor auf der Empfängerseite. Beziehen sich die gesprochenen Worte und Sätze eher auf die inhaltliche Ebene, so wirkt die Stimme vor allem über Faktoren wie Lautstärke, Modulation, Tonhöhe, Geschwindigkeit oder Ausdruck (hart vs. weich) direkt auf die Gefühlsebene ein. Somit ist der emotionale Anteil der Stimme der Körpersprache zuzurechnen.

So, wie wir eher dem glauben, was wir sehen (d. h. wir achten gerade in kritischen Situationen vermehrt auf Gesten und Mimik als auf den eigentlichen Inhalt), glauben wir auch stärker der Art und Weise „wie" etwas gesagt wird. In konfliktträchtigen Momenten wird der Inhalt also tendenziell ausgeblendet, weil wir im Kampf- oder Fluchtmodus verstärkt auf die Emotionen achten um herauszufinden, ob wir (immer noch) „sicher" sind.

Tiefere Stimmen wirken kompetenter als hohe Stimmen, eine modulierte Sprechweise klingt lebhafter. Pausen zwischen den Sätzen werden als erfrischend empfunden. Überprüfen Sie ihr eigenes Sprechtempo oder Ihre Lautstärke an der Reaktion Ihrer Gesprächspartner.

Sind diese noch bei Ihnen oder schon ganz woanders? Achten Sie genau auf die Körpersprache Ihres Gegenübers während Sie reden. Haben Sie konzentrierten Blickkontakt? Erhalten Sie zustimmende Gesten durch verbales Grunzen (hmm, ja, aha) oder spüren Sie eher eine ablehnende Gesprächshaltung (unterbrechen, sich körpersprachlich wegdrehen oder verschließen, übertrieben häufige Zuhörsignale in kurzer Reihenfolge hintereinander, z. B. hm, ja, jaja, hm, hm, hm …)?

Wenn Sie die Aufmerksamkeit Ihres Gesprächspartners verlieren (siehe Abb. 5.4), kann das mehrere Gründe

5.3 Energie aktiv über das eigene Verhalten steuern

Abb. 5.4 Verlust der Aufmerksamkeit. (Quelle: Barbara Kinzebach)

haben, jedoch mit gemeinsamem Nenner: Sie versorgen ihn/sie nicht (mehr) mit der für ihn richtigen Energie.

Dies kann im Einzelnen folgendes bedeuten:

1. Der Inhalt, den Sie versuchen zu übermitteln ist nicht (mehr) von Interesse (Sie haben den Nutzen für den Zuhörer noch nicht genug herausgearbeitet).
2. Teile des Inhalts erscheinen dem Zuhörer zu komplex oder zu kompliziert (das kann bedeuten, dass Sie zu schnell oder nicht strukturiert genug vorgehen).
3. Die Art und Weise, **wie** Sie den Inhalt übermitteln, löst im Empfänger Unbehagen aus (zu schnell, zu langsam, zu leise, zu laut, zu druckvoll, zu hoch, zu tief, zu detailliert, zu global)
4. Ihre Einstellung gegenüber dem Zuhörer oder/und der Situation löst auf dessen Seite Unbehagen aus („der kapiert das sowieso nicht", oder „der kann mich nicht leiden" oder „der ist schwierig zu überzeugen" …)

5. Darüber hinaus gibt es auch Menschen, die einfach nicht zuhören können oder wollen, sondern selbst gern reden.

Denken Sie daran: Ihre Gedanken über eine Situation oder eine Person werden über Ihr Verhalten nach außen hin sichtbar. Gedanken sind eine Form von Energie mittels der Sie kommunizieren (manchmal unbewusst und – hoffentlich auch immer häufiger – bewusst)!

Authentizität
Ein wichtiges Kriterium im Umgang mit Menschen ist Authentizität. Sie spüren relativ schnell (Sie erinnern sich an die 10.000 unbewussten Informationseinheiten, die Menschen jede Sekunde aussenden), ob jemand „echt", also authentisch ist oder eine Rolle spielt. Was würde also passieren, wenn Sie mit einer Person telefonieren, die Sie nicht besonders gut leiden können und Sie sagen *„Ich freue mich sehr, Sie heute zu treffen"*? Was für ein Lächeln (falls überhaupt) haben Sie für Ihren Gesprächspartner „aufgesetzt"?

Ein warmherziges, echtes Lächeln, das aus Ihrer Seele kommt, weil Sie sich so freuen, diesen Menschen zu sehen? Schwirig bis unmöglich. Wie könnte ein Lösungsweg aus dieser Authentizitätsfalle aussehen? Ganz einfach: Wenn Sie es nicht so meinen, dann sagen Sie es auch nicht. In diesem Falle könnten Sie einfach sagen: *„Gut, dann sehen wir uns um 15.00 Uhr"*. Auf längere Sicht tun Sie sich und Ihrem Gesprächspartner mit dem falschen Lächeln keinen Gefallen, denn er oder sie könnte (bewusst oder unbewusst) denken: *„Bei welchen Gelegenheiten werde ich wohl in Zukunft noch „angelogen"?"*

5.3 Energie aktiv über das eigene Verhalten steuern

Aktiv und kreativ statt depressiv

Da die Stimme zeigt, "wie Sie „drauf" sind", hat sie (ebenso wie Ihre Stimmung) enormen Einfluss auf Ihre Umgebung.

Kennen Sie den Zustand, in dem Sie Bäume ausreißen könnten, die Welt sich wunderbar anfühlt und Ihnen einfach alles zu gelingen scheint? Nein? Dann gehen Sie noch einmal zurück zum Abschn. 5.2 und betrachten die Kette „Situation – Gedanken – Bewertung – Emotion – Handlungen".

Falls ja, dann haben Sie längst festgestellt, dass Ihnen in guter Stimmung die Dinge tatsächlich viel leichter von der Hand gehen, als wenn Sie in einem eher deprimierten Zustand „feststecken".

So ein „stuck state" äußert sich meistens nicht nur geistig, sondern auch physisch. Der Oberkörper ist nach unten gebeugt, der Blick schaut gen Boden, das Gesicht wird gern in den Händen vergraben mit der Frage *„Wie soll ich dieses Problem nur lösen?"* Begeben Sie sich einmal testweise in diese typische Problemhaltung und versuchen Sie dabei, sich gut, frisch und kreativ zu fühlen, um Ideen zu entwickeln und Lösungen zu finden. Das ist in diesem Zustand praktisch unmöglich.

Setzen Sie sich jetzt gerade und aufrecht hin oder stehen Sie auf und schauen Sie hinauf zum Himmel oder wenigstens zur Zimmerdecke. Wenn Sie mögen, strecken Sie auch beide Arme hoch nach oben. Versuchen Sie, diese Position, 20 bis 30 s lang zu halten und probieren Sie aus, ob Sie sich in dieser Haltung so richtig schlecht fühlen können.

Das dürfte schwierig bis unmöglich werden, denn es existiert ein physiologischer Zusammenhang zwischen Körperhaltung und Befinden: die eigene Stimmung beeinflusst die Körperhaltung. Umgekehrt beeinflusst die Körperhaltung Ihre Stimmung und damit Ihr Denken!

Wenn Sie Probleme lösen oder kreative Prozesse ansteuern wollen, nehmen Sie daher am besten eine aufrechte Körperhaltung ein. Vielleicht haben Sie schon einmal Personen beobachtet, die in ihrem Büro saßen, die Arme hinter dem Kopf verschränkt hatten und deren Blick nach oben gerichtet war.

Sie könnten den Anschein erwecken, gerade nicht besonders produktiv oder aktiv zu sein, doch wahrscheinlich befinden sie sich in einem inneren kreativen Prozess oder inmitten einer Problemlösung.

Der Stimmentest
Wenn Sie das nächste Mal in einem Raum mit mehreren Menschen sind (Arbeitsplatz, Innenstadt, in Cafés oder Restaurants), konzentrieren Sie sich nach und nach auf einzelne Gespräche und versuchen Sie, den Inhalt auszublenden und nur die Stimmen selbst zu hören. Sie können diese Übung auch durchführen, ohne die Personen zu sehen (z. B. Rücken an Rücken in einem Café oder Sie verfolgen ein Gespräch in der Straßenbahn, in der S-Bahn oder im Bus).

Was hören Sie? Wie wirkt diese Person in diesem Moment auf Sie? Und wie werden Sie vermutlich von anderen Menschen wahrgenommen?

entspannt	gestresst
fröhlich	traurig
lebensbejahend	jammernd, meckernd
glücklich	unglücklich
dankbar	fordernd
ruhig	nervös
freundlich	unfreundlich
partnerschaftlich	konkurrierend
jung	alt
frisch	müde
engagiert	frustriert
energetisch	kraftlos
warmherzig	kühl
gefühlsbetont	rational

Stimme und Spiegel
Zurück zu den Spiegelneuronen, die Menschen dazu bringen, sich gegenseitig auf gewisse Weise zu imitieren. Wie oft ist es Ihnen schon passiert, dass jemand in Ihrer Nähe beginnt zu gähnen – und prompt machen Sie mit? Nicht umsonst heißt es ja auch: *„Er hat mich mit seinem Lachen angesteckt".*

Grob vereinfacht lässt sich sagen: Menschen bekommen im Großen und Ganzen von ihrer Umwelt, also ihren Mitmenschen, genau das zurück, was sie ausstrahlen. Heiterkeit und „echtes" Lachen stecken an und werden zurückgespiegelt. Das gleiche gilt auch für alle anderen Arten von Energie.

Hand aufs Herz: Mit welchen Menschen sind Sie lieber zusammen: mit entspannten, lebensbejahenden, humorvollen Menschen oder mit verspannten, jammernden Miesepetern? Das führt direkt zur Anschlussfrage: Was für ein Mensch würden Sie selbst lieber sein? Ein Miesepeter oder ein Lebemann?

Hier schließt sich die nächste Frage an: Wie werden Sie zu dem Menschen, der Sie eigentlich sein wollen (gemäß Ihrer Bestimmung)?

Wenn Gähnen und Lachen ansteckend sind, gilt das vermutlich auch für die gesamte persönliche Erscheinung. Offenbar ist der menschliche Wesenskern ebenfalls ansteckend in dem Sinne, dass Sie durch das, was Sie tun, aber vor allem auch durch die Art und Weise, *wie* Sie etwas tun oder sagen, großen Einfluss auf Ihre Umwelt nehmen.

Nach der Spiegeltheorie bekommen Sie Positives zurück, wenn Sie Positives aussenden. Vielleicht besteht zwischen Ursache und Wirkung manchmal ein Zeitverzug (d. h., dieser Mechanismus gibt Ihnen die Möglichkeit, sich in Geduld zu üben), doch nach dem Energieerhaltungsgesetz, wonach Energie nicht verloren gehen kann, sondern lediglich umgewandelt wird, werden Sie „belohnt" werden.

Vielleicht kommt diese Belohnung aus einer Richtung, von der Sie es nicht erwartet hätten. Aber seien Sie sich sicher: Sie kommt!

Fröhliche Musik versetzt uns in eine andere Stimmung als traurige Musik. Wir wechseln die Frequenz, der Sender ändert sich und auch wir als Empfänger schwingen uns auf die neuen Wellenlängen ein, die uns durch den Sender erreichen.

Durch das (bewusste) Verändern der eigenen Stimme hin zu einer tieferen Frequenz in Kombination mit einer langsameren Sprechweise können Sie Ihre Mitmenschen beruhigen und sogar Entspannungszustände bei ihnen erzeugen.

Spüren Sie als Sender, dass Ihre Empfänger in diesem Augenblick ein bisschen mehr Energie brauchen, so können Sie durch die verstärkte Modulation Ihrer Stimme „schlafende" Empfänger „wecken" und sie dadurch auf ein (ihnen hoffentlich förderliches) Energieniveau heben.

Ihre Hauptmotivation sollte das Bestreben nach einem Wohlgefühl sein, das für beide Seiten angenehm ist.

Je wohler Menschen sich fühlen, umso schneller senken sie ihre Schutzschilder „Kampf" oder „Flucht". Nur in der emotionalen Sicherheit des Wohlbefindens entsteht eine inspirierende, kreative und partnerschaftliche Atmosphäre, in der Ideen, Meinungen und Standpunkte auf entspannte und freundschaftliche Weise ausgetauscht werden können.

Inwieweit Sie dieses wohlige Energieniveau durch weitere Hilfsmittel erzeugen und aufrechterhalten können, soll Gegenstand des nächsten Kapitels sein.

5.4 Positives Denken und Positive Psychologie

„Ich bin schön", „ich bin intelligent", „ich bin erfolgreich", „ich bin beliebt". „Ich sage mir diese Sätze jetzt schon seit vielen Jahren und irgendwie funktioniert das alles nicht. Und wenn ich mich so betrachte und sehe, was aus meinem Leben

geworden ist, dann kann ich nur sagen: da hab ich mir selber was vorgelogen." Abb. 5.5 veranschaulicht diesen Effekt.

Abb. 5.5 Positives Denken. (Quelle: Barbara Kinzebach)

5.4 Positives Denken und Positive Psychologie

So oder ähnlich denken wir vielleicht manchmal. In diesen Momenten können wir uns selbst nicht besonders gut leiden, weil wir irgendwie spüren, dass die methodisch-positiven Aussagen an der Wahrheit vorbeigehen.

Wir haben diese Sätze immer und immer wieder ausgesprochen und versucht, daran zu glauben, uns von ihrer Wahrheit selbst zu überzeugen, dabei aber tief im Inneren gespürt, dass wir da Dinge zu uns sagen, die wir letztlich anders empfinden. Auch wenn andere Menschen durchaus zu uns sagen könnten: „Stimmt". Wie also „funktioniert" positives Denken und was ist positive Psychologie?

> **Beispiel Parkplatz**
>
> Ein Beispiel aus meinem eigenen Erleben: vor vielen Jahren, als meine Eltern und ich mit dem Auto in die Stadt fahren wollten (anstatt mit der S-Bahn), meinte mein Vater: *„In die Innenstadt mit dem Auto zu fahren, das ist völlig unsinnig. Da kriegen wir sowieso keinen Parkplatz".* Meine Mutter und ich haben ihn daraufhin überredet, es doch zu probieren und – natürlich – hatte sich die Prophezeiung meines Vaters erfüllt: wir fanden keinen Parkplatz und mussten den Wagen in einem der teuren Parkhäuser abstellen.

Welche zwei Effekte zeigen sich hier? Zum einen wollte mein Vater (unbewusst) „recht" haben im Sinne von: „seht nur, ich hab's ja gleich gewusst", zum anderen war seine Richtungsenergie darauf programmiert, keinen Parkplatz zu finden, das heißt, die Wahrscheinlichkeit, dass er Anzeichen dafür übersehen oder gar nicht wahrgenommen hat, dass demnächst ein Parkplatz frei wird, ist bei dieser

„Denkart" größer als bei meiner heutigen Methode: wenn ich vorhabe, mit dem Auto in die Innenstadt zu fahren, dann „reserviere" ich mir im Geiste einen Parkplatz und in 9 von 10 Fällen klappt das alles ganz wunderbar.

Mein Denken ist einfach auf die Lösung programmiert und nicht auf das Problem. Viele Menschen starten mit mir an dieser Stelle eine größere Diskussion, einfach um beweisen zu wollen, dass sie Recht haben, denn so einfach könne es ja wohl nicht sein.

Natürlich haben sie (und natürlich auch Sie, lieber Leser) am Parkplatz-Beispiel erkannt, wie groß die Auswirkungen auf den Rest Ihres Lebens wären, wenn die Parkplatztheorie tatsächlich funktionierte (sie funktioniert. Probieren Sie es aus!). Die Visualisierung des freien Parkplatzes ist durchaus mit einer (größeren) (Lebens)Vision vergleichbar:

Zunächst bestelle ich gedanklich, was ich gerne hätte und achte dann (sehr genau!!!) auf die Signale („Passanten haben einen Autoschlüssel in der Hand und werden gleich bei ihrem Wagen sein"), die zu meinem Ziel (ein freier Parkplatz) führen.

Das echte positive Denken glaubt tatsächlich daran, dass der visualisierte Zustand eintritt. Inzwischen gibt es einen relativ neuen Wissenschaftszweig mit dem Titel „positive Psychologie", der solche Denkmodelle empirisch unterstützt.

Die berühmte sich selbst erfüllende Prophezeiung funktioniert in beide Richtungen! *„Ich werde nie einen Mann finden"* aus dem Munde einer Frau, die auf der Suche nach einem Partner ist, ist ein (einschränkender) Satz, den sie in ihrem Inneren unbewusst bestätigen wird.

5.4 Positives Denken und Positive Psychologie

Ein Freund von mir, der zurzeit eine Partnerin sucht, hat neulich gesagt: *„im neuen Jahr werde ich nicht mehr suchen. Ich lasse mich finden"!* Clever! Wie können wir nun „echtes" positives Denken in Form von Worten Wirklichkeit werden lassen?

Positive Wortwahl oder „Bilder im Kopf"
Was genau passiert, wenn Sie Energie aussenden und damit ihre Umwelt (und sich selbst) „anstecken"?

Sie haben beispielsweise beruflich oder privat eine gute Leistung erbracht und erhalten dafür Anerkennung von einer anderen Person. Welche Formulierung gefällt Ihnen besser (Tonfall, Mimik, Gestik sind in beiden Fällen enthusiastisch):

1. „Das hast Du gut gemacht!"
2. „Das war nicht schlecht!"

Ob es Ihnen nun gefällt oder nicht: Das Gehirn bzw. Ihr Unterbewusstsein kennt das Wort nicht nicht. Ja genau. Nicht nicht. Da stolpert es drüber. Es kann keine Verneinung verarbeiten.

Viele Menschen (die meistens zu sich selbst sagen *„Ich darf meine Schlüssel nicht vergessen"* und sich wundern, dass sie Ihre Schlüssel vergessen) sind der Meinung, dass es doch keinen Unterschied macht, ob sie jemand nach Alternative 1 oder 2 lobt. Was würden Sie sagen? Macht es für Sie einen Unterschied? Und falls ja, welchen und warum?

Im ersten Fall hören und spüren Sie das Wort „gut". Im zweiten Fall hören Sie das Wort „schlecht". Das „nicht" blendet Ihr Unterbewusstsein unbemerkt aus.

Wie setzen Sie sich Ziele? *„Ich möchte nicht mehr so ungesund leben"? „Ich möchte nicht mehr so lange arbeiten?"*

„Ich möchte nicht so geizig sein"? „Ich möchte nicht mehr so unfreundlich sein"?

> **Kurzer Test**
>
> Passen Sie bitte genau auf und befolgen Sie die Anweisung im nächsten Satz:
>
> Denken Sie bitte **nicht** an einen rosa Elefanten.
>
> Nicht an einen rosa Elefanten denken. Was ist passiert? Was sehen Sie spontan vor Ihrem inneren Auge? Genau, Ihr Gehirn kann keine derartige Verneinung verarbeiten. Je mehr es sich nun anstrengt, um nicht an einen rosa Elefanten zu denken – den Elefanten umfärbt, wegschiebt, ein anderes Tier entstehen lässt, umso mehr beschäftigt es sich mit eben diesem Elefanten. Unsere inneren Bilder haben große Kraft. Ob wir nun wollen oder nicht: wir müssen uns mit Ihnen beschäftigen wie in Abb. 5.6.

Abb. 5.6 Denken Sie nicht an den Elefanten! (Quelle: Barbara Kinzebach)

5.4 Positives Denken und Positive Psychologie

Zurück zu Ihren Zielen: Was also hat Ihr Gehirn visualisiert? „ungesund", „lange arbeiten", „geizig" und „unfreundlich". Sie erinnern sich: die selbst erfüllende Prophezeiung funktioniert in beide Richtungen. Nach dem Gesetz der Anziehung erhalten Sie genau das, worauf Sie sich konzentrieren.

Denken Sie also: „Ich möchte nicht mehr so viel arbeiten", so erhalten Sie als Ergebnis „viel arbeiten". Wie bestellen Sie Waren telefonisch oder per Internet aus einem Versandhauskatalog? *„Ich hätte gerne keinen neuen Fernseher und auf keinen Fall das Kostüm auf Seite 41"?* Lassen Sie uns also die vier Beispielziele umformulieren, um es Ihrem Gehirn leichter zu machen und vor allem, um die Vision so stark wie möglich in die gewünschte Richtung zu bringen:

Inspirierende Formulierung von Wünschen, Visionen und Zielen

1. „Ich möchte gesünder leben."
2. „Ich möchte mehr Freizeit haben."
3. „Ich möchte großzügiger sein."
4. „Ich möchte freundlicher sein."

Diese Art von Zielsetzung ist energetischer, motivierender und kraftvoller. Sie funktioniert natürlich im beruflichen Umfeld genauso wie im privaten. Was Sie jetzt noch brauchen, um festzustellen, dass Sie sich auf Ihre Vision zubewegen, sind messbare Kriterien.

Dazu gehören die Elemente „Konkretisierung" und „zeitlicher Bezug". Das erste Beispiel hört sich dann so an:

> **Beispiel**
>
> Ab dem 01. März esse ich jeden Tag mindestens einen Apfel, mache täglich 10 Liegestütze und nehme die letzte Mahlzeit (Fisch, Salat, Obst, Wasser oder Fruchtsäfte) um 18.00 Uhr zu mir (Ende der Essenszeit ist spätestens 19.00 Uhr). Meine neue persönliche Gesundheitsreform dauert zunächst bis zum 31. Dezember diesen Jahres.

Wenn Sie Ihre Ziele in der Gegenwart formulieren (siehe Beispiel oben), dann haben sie noch mehr Kraft, denn Ihr Unterbewusstsein sieht sich selbst bereits in der neuen Situation und erlebt das Ganze bereits beinahe so, als ob es schon Wirklichkeit wäre. Vermeiden Sie Komparative bei der Zielformulierung!

„Mehr", „besser", „schneller" ist in der Messbarkeit zu vage. Verwenden Sie Messgrößen, die Sie überprüfen können, damit Sie wissen, ob und wann Sie Ihr Ziel erreicht haben.

Die nächsten Zeilen sind für Ihre Ziele reserviert. Sie können gerne mit den oben formulierten Wünschen 1 bis 4 arbeiten oder Ihre ganz eigenen Ziele betrachten. Achten Sie dabei auf die Formulierung in der **Gegenwart,** den zeitlichen Bezug und auch darauf, ob das Ziel für Sie realistisch ist und ob Sie es auch allein, aus eigenem Antrieb, erreichen können.

1. _____
   _____
2. _____
   _____
3. _____
   _____
4. _____
   _____

Nachwort

Bei aller Unterschiedlichkeit zwischen 7 Mrd. Menschen auf dieser Welt wird eines deutlich: Wir alle streben nach Verständnis, Anerkennung, Mitgefühl, liebevoller Zuwendung und echter, authentischer Kommunikation.

Unser Geist ist geprägt von zwischenmenschlicher Kooperation und dem Wunsch nach einem intensiven Austausch grundlegender und substanzieller Überzeugungen in Verbindung mit der „Freiheit des Einzelnen" im Sinne von Toleranz.

Wir handeln und verhandeln tagtäglich mit Menschen, deren Herkunft und Geschichten höchst unterschiedlich sind. Der Mechanismus jedoch, wie und warum diese Geschichten entstanden sind, kann auf elementare Grundbestandteile des menschlichen Wesenskerns zurückgeführt werden.

CORE überträgt die individuellen Geschichten, die Lebensart, Wünsche, Sehnsüchte und Visionen in ein universelles Prinzip und trägt damit sowohl dem Gleichheitsgedanken Rechnung als auch dem unverwechselbaren Lebens- und Wesenskern von uns Menschen.

Welche Werte möchten Sie von sich in die Welt geben? Wie gestalten Sie Ihr persönliches Umfeld, Ihren engeren und weiteren Kreis?

An welche Orte und zu welchen Personen senden Sie Ihr Selbst, um sich darin zu spiegeln?

Ist die größte Gemeinsamkeit, die wir Menschen haben, die, dass wir alle unterschiedlich sind? Sind wir das wirklich?

Ich wünsche Ihnen eine wunderbare Reise, die Sie zu Plätzen und Personen führt, die Ihre aktuellen Fragen beantworten, neue Momente entstehen lassen und alte Muster, die Sie nicht mehr benötigen, verwerfen.

Denken Sie daran: der gegenwärtige Augenblick ist immer der wichtigste!

Herzlichst, Ihr
Thomas Herbst

Weiterführende Literatur

Andre C, Lelord F (2008) Die Kunst der Selbstachtung. Aufbau, Berlin

Andreas S (2004) Transformation des Selbst – Werde, der Du bist. Junfermann, Paderborn

Bartens W (2010) Körperglück. Wie gute Gefühle gesund machen. Droemer, München

Bauer J (2015) Selbststeuerung. Blessing, München

Bauer J (2008) Das Gedächtnis des Körpers. Piper, München

Bauer J (2008) Prinzip Menschlichkeit. Hoffmann und Campe, Hamburg

Bauer J (2005) Warum ich fühle, was Du fühlst. Hoffmann und Campe, Hamburg

Berndt C (2014) Resilienz – Das Geheimnis der psychischen Widerstandskraft. Dtv, München

Birkenbihl V (1995) Kommunikation für Könner schnell trainiert. Mvg, Landsberg/Lech

Weiterführende Literatur

Birkenbihl V (1995) Kommunikationstraining. Mvg, Landsberg/Lech

Bode R (1998) Am Strand von Miramar. Auf der Suche nach dem wirklichen Leben. Ariston, Kreuzlingen

Brown B (2013) Verletzlichkeit macht stark. Kailash/Random House, München

Byrne R (2007) The Secret. Goldmann, München

Carnegie D (1993) Wie man Freunde gewinnt. Scherz, Bern – München – Wien

Carnegie D (1999) Sorge Dich nicht – lebe! Scherz, Bern – München – Wien

Chopra D (2011) Jung bleiben ein Leben lang. Koha, Burgrain

Chopra D (2008) Die sieben geistigen Gesetze des Erfolgs. Allegria, Berlin

Coelho P (2001) Handbuch des Kriegers des Lichts. Diogenes, Zürich

Conen H (1998) Tu, was Dir gefällt! Kösel, München

Corssen J (2004) Der Selbstentwickler. Beust, Wiesbaden

Covey S (2006) Die 7 Wege zur Effektivität. Gabal, Offenbach

Csikszentmihalyi M (1996) Das Flow – Erlebnis. Klett-Cotta, Stuttgart

Damasio A (2000) Ich fühle, also bin ich. List, München

Dilts R (2002) Die Veränderung von Glaubenssystemen. Junfermann, Paderborn

Egli R (2005) Das Lola – Prinzip. Editions D'OLT, Oetwil, Schweiz

Egli F, Egli R (2008) Das Lola – Prinzip Teil 2: eine Abhandlung über die Nullzeit. Editions D'OLT, Oetwil, Schweiz

Fensterheim H, Baer J (2006) Sag nicht ja, wenn du nein sagen willst. Mosaik, München

Fromm E (1988) Haben oder Sein. Dtv, Stuttgart

Gigerenzer (2008) Bauchentscheidungen. Goldmann, München

Gordon T, Adams L, Lenz E (2001) Beziehungskonferenz. Heyne, München

Gray J (2003) Wunder werden wahr. Goldmann, München
Grinder J, Bandler R (2004) Therapie in Trance. Klett-Cotta, Stuttgart
Gross S (2007) Die Kunst der Leichtigkeit. Redline-Wirtschaft, München
Grün A, Robben M (2005) Finde Deine Lebensspur. Herder, Freiburg im Breisgau
Harris, T (1993) Ich bin ok. Du bist ok. Rororo, Reinbek bei Hamburg
Hartmann A (2015) Mit dem Elefant durch die Wand. Ariston, München
Havener T (2009) Ich weiß, was Du denkst. Rororo, Reinbek bei Hamburg
Havener T (2011) Denk doch, was Du willst. Rororo, Reinbek bei Hamburg
Jacobsen O (2009) Ich stehe nicht mehr zur Verfügung. Windpferd, Oberstdorf
Kathrein S (2009) Ego – Crash. Allegria, Berlin
Katie B (2002) Lieben was ist. Goldmann, München
Klein S (2002) Die Glücksformel. Rowohlt, Reinbek bei Hamburg
Kobjoll K (2004) Motivaction – Begeisterung ist übertragbar. Mvg, Frankfurt/Main
Kuby C (2003) Unterwegs in die nächste Dimension. Kösel, München
Kuby C (2012) Selbstheilung. Gesund aus eigener Kraft. Gräfe und Unzer, München
Lama D (2002) Die Regeln des Glücks. Bastei Lübbe, Bergisch Gladbach
Lama D, Cutler H (2004) Glücksregeln für den Alltag. Herder, Freiburg im Breisgau
Lauster P (1993) Das Lauster Lebensbuch. Econ, Düsseldorf – Wien

Lauster P (2010) Wege zur Gelassenheit. Rororo, Reinbek bei Hamburg

Lauster P (1998) Stärkung des Ich. Econ, Düsseldorf und München

Lauster P (2000) Die Liebe – Psychologie eines Phänomens. Rororo, Reinbeck bei Hamburg

Lundin S, Paul H, Christensen J (2003) Fish! Ein ungewöhnliches Motivationsbuch. Mosaik, München

Millman D (2001) Der Pfad des friedvollen Kriegers. Ansata, München

Millman D (2005) Die universellen Lebensgesetze des friedvollen Kriegers. Heyne, München

Moestl B (2010) Die Kunst, einen Drachen zu reiten. Erfolg ist das Ergebnis deines Denkens. Knaur, München

Monbourquette J (2004) Finde deinen Platz im Leben. Herder, Freiburg im Breisgau

Murphy J (2000) Die Macht Ihres Unterbewusstseins. Ariston, München

Nhat Hanh T (2002) Frei sein, wo immer Du bist. Theseus, Berlin

Nickelsen K (2017) Ja zum Nein. 2. Aufl. Springer Gabler, Wiesbaden

Nydal L (2002) Wie die Dinge sind. Joy Verlag, Sulzberg

Osho (2005) eine Wahrheit – viele Wege. Goldmann Arkana, München

Peseschkian (2003) Es ist leicht, das Leben schwer zu nehmen. Aber es ist schwer, es leicht zu nehmen. Herder, Freiburg im Breisgau

Precht R (2007) Wer bin ich und wenn ja wie viele? Goldmann, München

Redfield J (1994) Die Prophezeiungen von Celestine. Heyne, München

Rosenberg M (2005) Gewaltfreie Kommunikation. Junfermann, Paderborn

Weiterführende Literatur 171

Rosenberg M (2004) Konflikte lösen durch gewaltfreie Kommunikation. Herder, Freiburg im Breisgau

Schulz von Thun F (1999) Miteinander Reden. Störungen und Klärungen. Rororo, Reinbek

Schlageter H, Hinz P (2006) Love Academy. Knaur, München

Schoenaker T (2001) Mut tut gut – Das Encouraging Training. RDI, Sinntal-Züntersbach

Schmidbauer W (1997) Weniger ist manchmal mehr. Rororo, Reinbek bei Hamburg

Schröder M (1998) Sie haben vier Ohren! Ifb, Paderborn

Sharma R (2001) Der Mönch, der seinen Ferrari verkaufte. Knaur, München

Sprenger R (1999) Prinzip Selbstverantwortung. Campus, Frankfurt/Main

Sprenger R (2003) Die Entscheidung liegt bei Dir! Campus, Frankfurt/Main

Strelecky J (2009) The big five for life. Was wirklich zählt im Leben. Dtv, München

Strelecky J (2009) Das Cafe am Rande der Welt. Dtv, München

Tan C-M (2012) Search Inside Yourself. Arkana, München

Taylor D (2003) The naked leader. Linde, Wien

Tepperwein K (2002) Die geistigen Gesetze. Goldmann, München

Tepperwein K (2004) Erfinde dich neu. Mosaik, München

Tipping C (2005) Ich vergebe – der radikale Abschied vom Opferdasein. Kamphausen, Bielefeld

Tolle E (2004) Jetzt! Die Kraft der Gegenwart. Kamphausen, Bielefeld

Tolle E (2005) eine neue Erde. Goldmann Arkana, München

Vitale J (2008) The Key – Der Schlüssel. Börsenmedien Ag, Kulmbach

Von Förster H, Pörksen B (2008) Wahrheit ist die Erfindung eines Lügners. Carl-Auer, Heidelberg

Walsh N (2006) Gespräche mit Gott. Goldmann, München

Walsh N (2013) Wenn sich alles verändert, verändere alles. Goldmann, München

Winget L (2007) Halt den Mund, hör auf zu heulen und lebe endlich! Börsenmedien AG, Kulmbach

Zeyer A (1997) Die Kühnheit, trotzdem ja zu sagen. Scherz, Bern – München – Wien

Zurhorst E-M (2004) Liebe Dich selbst und es ist egal, wen du heiratest. Goldmann, München

If you have any concerns about our products,
you can contact us on
ProductSafety@springernature.com

In case Publisher is established outside the EU,
the EU authorized representative is:
**Springer Nature Customer Service Center GmbH
Europaplatz 3, 69115 Heidelberg, Germany**

Printed by Libri Plureos GmbH
in Hamburg, Germany